탄력성장

탄력성장

카이스트와 산업부가 던지는 한국 산업의 미래를 위한 제언

김원준 외 지음

스마트북스

탄력성장

\- 에너지 -

1쇄 발행 2021년 2월 3일
2쇄 발행 2021년 2월 17일

지은이 김원준 외
펴낸이 유해룡
펴낸곳 (주)스마트북스
출판등록 2010년 3월 5일 | 제2011-000044호
주소 서울시 마포구 월드컵북로 12길 20, 3층
편집전화 02)337-7800 | **영업전화** 02)337-7810 | **팩스** 02)337-7811
원고투고 www.smartbooks21.com/about/publication
홈페이지 www.smartbooks21.com
기획 김선 | **편집진행** 이주희 | **표지·본문 디자인** 김민주 | **전산편집** 김경주

ISBN 979-11-90238-39-7 13320

■ 이 저서는 2018년 대한민국 교육부와 한국연구재단의 지원(NRF-2018S1A3A2075175)을 받아 수행되었고, 산업통상자원부에서 시행한 전력산업정책개발사업으로 수행한 결과 중 일부를 포함합니다.
■ 이 책의 모든 인세는 대한민국의 산업발전을 위해 기부됩니다.

현재 대한민국이 있기까지 산업화의 초석을 세운

선배님들께 이 책을 바칩니다.

초불확실성의 시대, 탄력성장이 답이다

인류 문명의 역사는 에너지의 역사라고 해도 과언이 아니다. 불, 석탄, 석유, 가스, 원자력, 재생에너지 등 새로운 에너지의 등장은 농업혁명, 산업혁명 등 기술진보와 함께 세상을 더 편하고 풍요롭게 변화시켰다. 에너지가 세상을 바꾸기도 하지만, 세상이 에너지를 바꾸기도 한다. 1970년대 석유위기와 원전사고 등은 에너지 정책의 틀을 바꾸는 계기가 되었다. 최근에는 지구온난화로 인한 기후변화 대응을 위해 에너지 전환이 핵심 과제가 되고 있다.

우리나라는 그간 중앙집중형 에너지 수급구조를 구축해 산업발전과 경제성장을 뒷받침해왔다. 이 과정에서 에너지의 94% 이상을 수입하고 1인당 에너지 소비량과 온실가스 배출량도 늘어났다. 또한 미세먼지는 화석연료에 대한 비판을 가져왔으며 밀양 송전탑 갈등과 경주·포항 지진 등은 에너지 시설의 안정성에 대한 의문을 제기하기도 했다. 코로나19는 에너지 시스템에 대한 고민을 더욱 가속시켰다. 코로나로 인해 급격히 줄어든 에너지 수요와 비대면 경제, 4차 산업혁명 등은 에너지 시스템에 큰 변화를 요구하고 있다. 위기상황에서 다른 위기가 발생하는 등 위기의 상시화, 복합화 등이 빈번하게 진행 중이다.

초불확실성의 시대The Age of Hyper-Uncertainty, 우리의 에너지 시스템은 괜찮은 것일까? 어떤 변화가 필요할까? 이 질문들은 정책 입안자뿐만 아니라 에너지 분야에 종사하는 모든 사람들, 그리고 대한민국의 지속 가능한 성장을 꿈꾸는 모든 국민들이 함께 고민할 중요한 이슈이다.

정부는 2017년부터 에너지 전환 정책을 추진중이다. 화석 에너지의 비중을 줄이고 신재생 에너지의 비중을 확대해나가는 동시에 에너지 산업의 경쟁력과 에너지 효율, 에너지 안전성을 높여나가는 것이 핵심이다. 이와 더불어 문재인 대통령은 2020년 6월 '사람 우선의 가치와 포용국가의 토대 위에 디지털 뉴딜과 그린 뉴딜을 두 축으로 한 한국판 뉴딜을 국가의 미래를 걸고 강력히 추진'해나갈 것임을 밝히고, 2025년까지 76조 원을 투입하기로 했다.

한국판 뉴딜에서 특히 주목해야 할 부분은 '그린 뉴딜'이다. 기후변화 대응을 본격적으로 국가 성장동력으로 육성하겠다는 의지를 천명했기 때문이다. 한강의 기적은 산업발전과 이를 뒷받침하던 중앙집중식 에너지 시스템의 구축이 있었기에 가능했다. 그러나 에너지 시스템 변화의 필요성이 그 어느 때보다 높아지고 있다. 코로나19와 강력해진 기후변화 대응 의지로 인해 그간 변하기 힘든 에너지 제도의 관성Legacy이 약해져 기회의 창Window이 열렸다. 이러한 에너지 변화의 모멘텀을 우리의 성장동력으로 키워나가야 한다. 우리에게 '에너지 탄력성장'이 필요한 이유이다.

이 책은 작금의 상황 극복에 국한하지 않고 대한민국의 에너지 시스템이 가지고 있는 취약점과 나아갈 방향을 더 근본적으로 바라보고 있다. 에너지는 그 어떤 분야보다도 시선을 미래에 둔 채 현재를 걸어가는 분야이다. 다양한 위기상황에서도 지속 가능한 시스템 구축을 넘어 '탄력성장'을 위해 무엇을 해야 하는지에 관한 고민이 책 곳곳에 배어 있다.

'유용무괴有用無愧'라는 사자성어가 있다. 학문은 꼭 넓어야 할 필요는 없으나 쓸모가 있어야 하고, 벼슬은 꼭 영달할 필요가 없으니 요컨대 부끄러움이 없어야 한다는 뜻이다. 이 책은 밤낮으로 현안에 바쁘게 고생하는 산업통상자원부 에너지자원실 소속 공무원들과 미래전략 분야의 국내 최고 전문가인 KAIST 교수들이 머리를 맞대어 유용무괴를 새기며 발간했다고 한다. 모든 분들의 노고에 감사하며, 이 책이 에너지 산업과 대한민국의 지속가능한 성장을 위한 하나의 이정표가 되리라 확신한다.

성윤모(산업통상자원부 장관)

추천사

블랙타이드 위기를 기회로 바꾸는 탄력성장

『탄력성장』 책의 추천사를 쓰게 되어 매우 뜻깊게 생각한다. 미래의 방향을 제시하기 위해 이 책을 집필해주신 혁신전략 및 에너지 분야의 국내 최고 전문가인 KAIST 교수님들과 산업통상자원부 에너지자원실, 그리고 참여해주신 전문가분들께 감사드린다.

코로나19 초기의 성공적인 방역으로 한국의 위기대처 능력을 전 세계에 알리고 수출까지 하고 있다. 소부장의 위기 또한 한국 산업의 소부장 기술이 한 단계 도약을 이룰 수 있는 계기를 마련했다. 이에 더해 세계 경제는 디지털 온라인 경제로 가속화되며, 세계 최고의 IT 국가인 한국이 프런티어가 될 가능성을 더욱 열어주고 있다. 윈스턴 처칠의 표현을 빌리자면 "낭비해서는 안 되는 '좋은 위기Good Crisis'"가 다가온 것이다.

이 책은 코로나19와 같이 거대화, 복합화, 상시화된 위기를 '블랙타이드'라고 새롭게 정의하며, 블랙타이드 위기를 기회로 바꿀 수 있는 새로운 개념인 '탄력성장' 개념을 제시한다. 그리고 이 개념을 모든 산업의 근간이 되는 에너지 분야에 적용함으로써 한국의 에너지 정책이 추구해야 할 방향을 제시했다.

앞으로 다가올 블랙타이드가 전 산업에 미치는 영향은 점점 더 커질 것이고, 발생 직후 대비할 수 있는 시간은 더 촉박해질 것이다. 그렇기에 제조업, 서비스업 등 모든 분야에서 블랙타이드를 대비한 탄력성장 전략의 수립이 필요하다.

최근 스페이스X가 불안한 사회를 이겨내자는 의미로 '레질리언스Resilience, 회복탄력성' 우주선 발사에 성공했다. 회복을 뛰어넘어, 위기를 기회로 만드는 '탄력성장' 개념은 한국의 무한한 성장 가능성을 세계에 알릴 수 있을 것이다.

전 세계 인구의 약 0.67%, 전 세계 국토 면적의 약 0.08%에 해당하는 적은 인구와 작은 영토를 가진 우리나라는 세계 경제 10위권을 넘어 명실공히 G5 국가로 진입하기 위해 노력하고 있다. 이러한 측면에서 수출을 통해서 대한민국의 지경地境을 넓힌다는 것은 저의 평소 지론이자 KAIST 국제화의 중요한 정책 기조이다.

'탄력성장' 개념은 향후 우리나라가 과학기술·정치·경제·외교 등 여러 분야에서 지경을 넓히는 데에 중요한 바탕이 될 것이라 확신한다. 나아가 위기를 기회로 삼아왔던 대한민국에서 '탄력성장' 개념은 한국 경제의 재도약의 발판을 마련하고, 정체된 세계 경제성장을 이끌어갈 초석이 될 것이다.

신성철(한국과학기술원 총장)

위기에 대한 관점을 바꿀 때, 역사는 새로 쓰인다

1977년 존 케네스 갤브레이스는 오일쇼크, 스태그플레이션 등 혼란의 시대를 가리켜 '불확실성의 시대The Age of Uncertainty'라고 정의했다. 2013년에 이미 글로벌 금융위기를 예측한 누리엘 루비니는 불확실성이 상시화되면서 기존의 이론으로 설명되지 않고, 예측마저 무의미한 '뉴 애브노멀New Abnormal' 시대에 접어들었다고 선언했다. 2017년 배리 아이켄그린은 갤브레이스의 『불확실성의 시대』 발간 40주년을 맞이하여 현 시대를 '초불확실성의 시대The Age of Hyper-Uncertainty'라고 명명했다.

블랙타이드 시대가 왔다

세계는 새로운 위기의 시대로 진입하고 있다. 코로나19로 인한 전 세계 사회·경제·정치에 대한 유례없는 도전뿐만 아니라, 지구 온난화로 인한 기상이변과 생태계 위기, 미·중 갈등을 포함한 정치·경제 패러다임의 변화, 에너지 전환으로 인한 사회·경제적 위기 등 글로벌 사회 각 분야별로 새로운 위기들이 거대화, 복합화, 상시화되고 있다.

이러한 위기의 변화를 기존 위기에 대한 개념으로 정의하기에는 그 규모나 범위가 막대하기 때문에, 이 책에서는 이러한 위기의 변화를

'블랙타이드Black Tide'라고 새롭게 정의한다. 블랙타이드는 개인들은 물론이고, 각 지역·사회·국가를 넘어 글로벌 사회를 위축시키고 두려움을 증폭시키며, 사회·정치·경제 모든 분야에 갈등과 분열의 틈을 확대하여 어두운 미래를 바라보게 한다.

위기를 기회로: 탄력성장

그러나 인류 역사는 말한다. 위기는 새로운 변화의 시작이고, 성장과 발전의 새로운 출발점이라는 것을.

우리는 위기에 대한 관점을 바꾸어야 한다. 위기를 회복해야 할 도전이 아니라 도약을 위한 기회로 바라볼 때, 우리는 위기에서 새로운 희망을 찾을 수 있고 위기 이전보다 더 나은 미래를 만들 수 있다. 이 책은 바로 이러한 시각을 우리 사회에 제시하고자 한다. 우리 사회가 블랙타이드의 두려움에서 깨어나 다시 희망을 바라보기를 바라는 마음으로 집필했다. 그 희망으로 다시 협력과 화해, 희망과 성장의 미래를 만들어갈 수 있기를 기대한다.

팬데믹, 세계 경제의 대변화 등 블랙타이드는 우리의 사회·경제·정치 각 분야 시스템에 충격과 손상을 주고, 때로는 시스템의 붕괴를 가져오기도 한다. 이러한 충격과 손상은 막대한 피해를 가져오는 반면에, 기존에 굳어져온 비효율적인 시스템을 혁신하고 변화시키는 데 필요한 변화의 비용, 즉 레거시 비용을 낮춤으로써 변화와 혁신의 새로운 '기회'를 제공한다. 따라서 충격과 피해의 아픔 및 회복에 머무를 것인지, 아니면 이를 넘어 새로운 기회를 찾고 더욱 도약할 것인지는 우리의 선택에 달려 있다.

위기의 상황에서 절망이 아닌 희망을 선택하는 것, 위기를 기회로 바라보며 성장의 새로운 모멘텀을 확보하여 더 높이 도약하는 것, 우리는 이를 바로 '탄력성장Resilient Growth'이라 제시한다.

위기는 역사와 함께 공존한다. 그러하기에 '탄력성장'은 더욱 중요하다. 위기에 대한 올바른 관점을 가진 국가는 계속되는 위기 속에서 기회를 찾고 새로운 성장의 모멘텀으로 활용하며 도약할 수 있을 것이다. 그러나 그렇지 않은 국가에게 위기는 희망이 아닌 절망, 성장이 아닌 도태의 시작으로 다가올 것이다.

블랙타이드가 전 세계적으로 역사상 유례없는 위기를 가져오고 있는 이 시간, 우리나라가 위기에 대한 새로운 관점을 가지고 '탄력성장'하여 새로운 도약을 이룰 수 있기를 바라며, 이 책이 그 변화의 작은 시작점이 되리라 기대한다.

이 책의 구성

이 책은 에너지 분야의 위기와 도전, 탄력성장 방안에 대해서 살펴본다. 에너지 분야는 블랙타이드의 가장 큰 영향을 받는 분야이며, 인류 문명 발전의 기반을 제공하기 때문이다. 석탄, 석유, 가스, 원자력, 재생에너지 등 새로운 에너지의 등장은 농업혁명, 산업혁명 등 인류 문명 진보의 새로운 단계를 열었다. 최근 전 세계의 핵심 어젠다는 지구 온난화로 인해 생겨난 기후변화 대응을 위한 에너지 전환이다.

우리나라는 광복 이후 중앙집중형 에너지 수급구조를 구축해 산업 발전과 경제성장을 뒷받침해왔다. 이 과정에서 에너지의 94% 이상을 수입했고, 1인당 에너지 소비량과 온실가스 배출량도 늘어났다. 동시에 최근 미세먼지 문제는 화석연료에 대한 비판을 가져왔으며, 밀양 송전탑 갈등, 경주·포항 지진 등은 에너지 시설에 대한 수용성을 낮추고 있다. 이렇듯 코로나19가 아니더라도 에너지와 관련된 새로운 위기와 도전들이 닥쳐와 기존 에너지 체계에 대한 근본적 성찰과 고민을 요구하고 있다.

이러한 와중에 특히 코로나19 위기는 에너지 시스템에 대한 근본적인 문제를 확대시켰다. 코로나19로 인해 급격히 줄어든 에너지 수요와 비대면 경제, 4차 산업혁명 등은 에너지 시스템에 많은 변화를 요구하고 있다. 새로운 블랙타이드의 도전에서 에너지 분야의 탄력성장을 확보할 수 있느냐 하는 것은, 다가오는 반세기 우리나라의 성장을 결정할 수 있는 중요한 어젠다이다.

'1장 대전환과 위기: 블랙타이드의 시대'에서는 새로운 위기의 시대를 살펴보고, 블랙타이드라는 개념을 제시하며, 앞으로 다가올 블랙타이드가 무엇인지 예상해보면서 우리에게 주는 시사점을 찾고자 했다.

'2장 위기를 기회로: 탄력성장'에서는 위기와 도전에서 탄력성Resilience이 왜 중요한지 사례를 통해 보여주고, 탄력성장의 개념과 정의를 처음 제시했다.

'3장 에너지 분야의 블랙타이드'에서는 대전환과 위기가 에너지 분야에 어떠한 영향을 미치고 있으며, 현재 우리 에너지 시스템은 어떠한지 살펴보았다.

'4장 탄력성장을 위한 에너지 정책의 대전환'에서는 위기가 도래했을 때 즉각적으로 충격을 완화하고 극복할 수 있는 에너지 분야의 준비 역량, 실제 위기가 발생한 이후에도 에너지 서비스를 지속적으로 공급하고 피해를 최소화할 수 있는 대응 역량을 설명했다. 그에 더해 블랙타이드의 도전에서 에너지 시스템의 혁신과 재구성을 통해 위기를 기회로 만들기 위한 새로운 에너지 정책적 방안들을 제시했다. 또한 에너지 분야의 탄력적 도약 역량을 강화하기 위한 제안들과, 근본적으로 에너지 거버넌스Governance를 어떻게 개편해야 하는지에 대한 우리의 고민들을 담아보았다.

'부록-에너지 탄력성장을 이룬 대한민국의 미래 일기'에서는 우리가 위기에 대한 관점을 바꾸고 탄력성장을 했을 때 가능한 미래, 즉 대한민국의 에너지 독립이 이루어진 가상의 어느 날을 그려보았다.

2020년 5월 코로나19 1차 팬데믹이 한창일 즈음, 산업통상자원부 에너지자원실에서 연락을 받았다. 코로나 이후 분야별 대응전략 마련을 위해서 산업통상자원부에너지자원실와 KAIST 혁신전략정책연구센터의 협력을 요청하는 내용이었다. 그 이후, 산업통산자원부와 함께 이 책에 대한 고민을 시작했다. 코로나19 팬데믹 이후 국제 정세, 산업, 무역, 에너지 분야는 어떻게 변화될 것인가? 분야별 대응전략은 어떻게 준비해야 할 것인가?

이 책을 쓰기까지 산업부와 KAIST는 '에너지 미래전략 포럼'을 구성하여 매달 산업부 관계자들 및 산업·경제 각 분야 전문가들과 포럼을 진행했다. 산업부 관계자 분들은 현장에서 국가산업의 과거와 현재, 그리고 미래를 그려온 경험과 식견을 바탕으로 거의 매주에 걸친 치열한 토론과 고민을 함께했다. 또한 매달 한두 번씩 진행된 각 분야 전문가들과의 심도 있는 포럼과 워크샵은 열정 및 통찰력을 제공했으며, 이 책의 핵심적인 아이디어를 도출하는 기반이 되었다.

코로나19라는 새로운 도전 속에서 우리나라 산업과 경제의 미래를 걱정하면서도 통찰력을 잃지 않고 혜안을 제시해준 산업부 관계자들, 특히 주영준 에너지자원실장, 최우석 신재생에너지정책단장, 송용식 신에너지산업과 서기관이 보여준 뜨거운 열정과 믿음, 그리고 더 나은 미래를 위한 치열한 노력들은 우리나라의 산업과 경제의 미래가 여전히 밝다는 것을 확신하게 해주었다.

참여해준 각 분야 전문가들의 소중한 지식과 제안들 하나하나 모두가 우리나라의 미래를 위한 소중한 자산이나, 지면의 제약 때문에 불가피하게 모두 옮기지 못한 점은 아직까지도 못내 아쉽다.

밤을 새가며 함께 원고를 수정하고, 새로운 대안과 사례를 찾아 함께 고민하며, 수없이 원고를 읽고 함께 작성해준 학내외 전문가들의 참여가 있었기에 이 책이 출판될 수 있었다. 일일이 다 거론하지는 못하지만 포럼과 워크샵의 내용을 정리하고 원고를 다듬으며 사례들을 함께 발굴해준 KAIST 혁신전략정책연구센터의 연구원들 또한 말할 수 없는 소중한 기여를 했다.

아무쪼록 이 작은 시도가 위기의 시대에 새로운 희망과 도약을 꿈꿀 수 있는 계기가 되기를 희망한다. 그리고 '탄력성장'이라는 키워드가 우리 사회가 위기 속에서 더욱 협력하고 단합하게 되는 계기를 마련해주기를, 더 나은 새로운 미래로의 도약을 제시하는 희망의 단어가 되기를 희망한다.

2021년 1월
대표저자 김원준
(KAIST 기술경영전문대학원장
KAIST 혁신전략정책연구센터장)

차례

추천사
초불확실성의 시대, 탄력성장이 답이다_성윤모(산업통상자원부 장관) 6
블랙타이드 위기를 기회로 바꾸는 탄력성장_신성철(한국과학기술원 총장) 8

머리말
위기에 대한 관점을 바꿀 때, 역사는 새로 쓰인다 10

1부 블랙타이드와 탄력성장

1장 대전환과 위기: 블랙타이드의 시대
1. 위기의 거대화, 복합화, 상시화 28
2. 블랙타이드의 시대 33
블랙타이드란 무엇인가?
감염병과 블랙타이드
지구 온난화와 블랙타이드
글로벌 패러다임 변화와 블랙타이드
팍스 아메리카나의 종식과 블랙타이드
북한, 테러, 종교갈등과 블랙타이드
인공지능과 블랙타이드
고령화와 블랙타이드
금융위기와 블랙타이드
: 잠깐 : 위기에 대한 기존 개념들과 블랙타이드 49

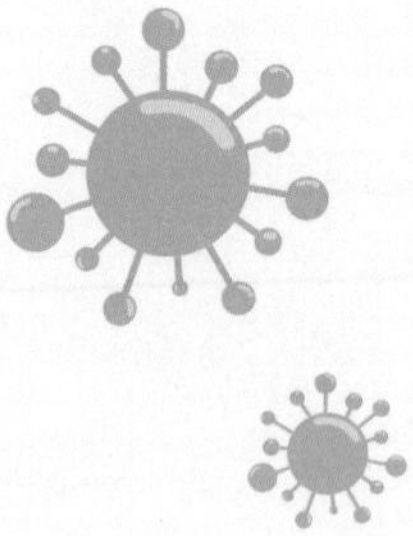

2장 위기를 기회로: 탄력성장

1. 대한민국의 위기와 도약 – 코로나19와 소부장 **54**

메르스 위기와 코로나19 초기의 도약

소·부·장의 위기와 도약

2. 탄력성장(Resilient Growth) **67**

탄력성장이란 무엇인가?

탄력성장의 세 가지 역량

회복시간 최소화 전략

: 잠깐 : 기존 탄력성 개념과 탄력성장 **71**

3. 탄력성장을 위한 단계별 역량 **73**

준비 역량

: 잠깐 : 블루닷, 인공지능으로 바이러스를 예측하다 **77**

대응 역량

도약 역량

: 잠깐 : 존슨앤존슨, 타이레놀 사망 사건을 혁신의 기회로 삼다 **83**

: 잠깐 : 후지필름, 본업 소멸 위기를 극복하다 **87**

2부 에너지와 탄력성장

3장 에너지 분야의 블랙타이드

1. 세계 에너지 시장의 변화와 위기 92

에너지 수급의 변동성 확대와 블랙타이드

지정학적 리스크와 새로운 타이드 / 국제 유가 폭락과 셰일업체 줄도산 / 유동성 자금 확대와 블랙타이드

에너지 전환과 계통 불안정성 증폭

세계 각국의 탄소중립 선언 / 에너지 계통 불안정성 증폭과 블랙타이드

기후정책의 비대칭성과 블랙타이드

개발도상국과 선진국의 입장 차이 / 탄소정책 시행에 따른 새로운 갈등 발생 / 기후변화 대응과 시장의 재편

: 잠깐 : 석유 거대 기업들의 몰락 111

글로벌 에너지 전환의 주요 변곡점과 새로운 타이드

변곡점 1. 신에너지 시장의 출현 / 변곡점 2. 전력과 자동차 산업의 융합 / 변곡점 3. 디지털 에너지 시장의 도래

2. 우리나라 에너지 시장의 변화와 위기 116

에너지 전환과 사회적 수용성 위기

에너지 시설 입지를 둘러싼 사회적 갈등 고조 / 탈원전 대 친원전 / 에너지 전환 속도에 대한 논쟁

신에너지 안보의 대두

코로나19가 바꾼 에너지 안보 / 재생에너지의 불안정성 / 또 다른 측면의 안보 위기, 미세먼지

: 잠깐 : 재생에너지, 우리나라에서 가능한 대안인가? 128

우리나라 에너지 산업의 국제 경쟁력 위기

에너지 산업의 현 상황 / 재생에너지 산업의 경쟁력 / 탄소 배출 제한과 국내 산업의 위기

: 잠깐 : 현재 우리나라의 에너지 시장 구조 134

4장 탄력성장을 위한 에너지 정책의 대전환

1. 에너지 분야의 탄력성장 144

넷제로: 탄력성장의 가능성

에너지 위기 준비 역량 / 탄력적 위기대응 역량 / 에너지 도약 역량

2. 위기 완화를 위한 준비 역량 152

상시 위기 진단·평가 시스템 강화

제안 1. 장기적 에너지 위기 진단과 평가 및 대응 체계 수립 / 제안 2. 국가 에너지 위기 평가위원회 설치 / 제안 3. 위기대응 통합자원계획 수립

: 잠깐 : 사이버 공격에 대한 대응 방안은 있는가? 157

에너지 및 자원 수급 안정성 향상

제안 1. 전략적 관점의 안정적인 에너지 자원 확보 / 제안 2. 에너지 자원 비축 및 수급 체계의 보완

온실가스 감축 정책 수립과 이행

통계 데이터베이스 구축

지역 수용성 강화

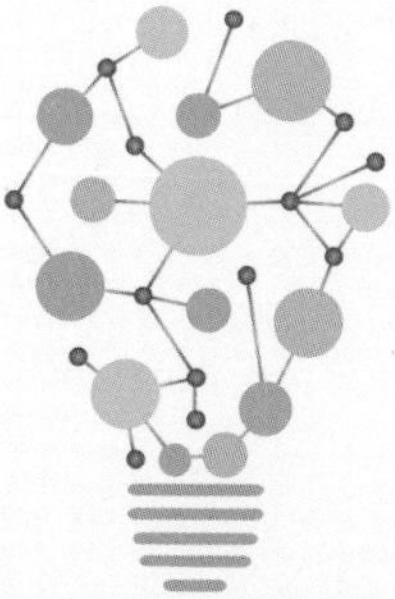

3. 탄력적 위기대응 시스템 167

위기대응을 위한 의사결정 기반 강화

제안 1. 에너지 빅데이터의 통합관리 시스템 구축과 운용 / 제안 2. 위기대응에 대한 초학제적 연구 및 고급 인력 양성

분산 에너지원의 확대

분산 에너지 시스템이란 무엇인가? / 제안_에너지 클라우드 구축

: 잠깐 : IT를 활용한 분산 에너지, 정말 가능한가? 174

위기대응을 위한 에너지(전력) 시장 제도 개편

제안 1. 민간 참여 유도를 위한 시장 제도적 유인 마련 / 제안 2. 전력시장 인센티브 강화 / 제안 3. 실시간 전력시장 운영 / 제안 4. 유연성 자원 확보 의무화

4. 탄력적 도약 역량 강화 179

대한민국 에너지의 도약 역량 강화를 위한 두 가지 제안

제안 1. 분산 에너지 및 에너지 저장 관련 신기술에 대한 투자 / 제안 2. 탄력적 에너지 거버넌스

에너지 전환과 에너지의 혁신 산업화 제안

공급 측면 / 수요 측면

: 잠깐 : 온실가스 감축 기술로서 CCUS는 유효한가? 188

탄력적 도약을 위한 핵심기술

혁신 산업화 후보 1. 수소 에너지 / 혁신 산업화 후보 2. 분산자원 및 IT와 결합된 분산형 에너지 시스템(패키지형 에너지 시스템) / 혁신 산업화 후보 3. 장주기 대용량 에너지 저장 사업

: 잠깐 : 에디슨의 시스템 혁신기술 194

에너지 신산업 수출
에너지 분야의 FAANG? / 제안 1. 새로운 에너지 시장을 위한 제도적 보완 / 제안 2. 정책적 쐐기 전략(틈새 만들기 전략) / 제안 3. 혁신 기업화 / 제안 4. 에너지 수출 산업화 전략
: 잠깐 : 저렴한 전기요금이 신산업 창출의 걸림돌? 203

탄력적 에너지 거버넌스
제안 1. 에너지·환경 균형의 거버넌스 / 제안 2. 공기업·사기업 균형 발전 거버넌스

마무리 글 – 블랙타이드, 위기가 아니라 새로운 기회이다 **218**

참고문헌 **220**

부록 – 에너지 탄력성장을 이룬 대한민국의 미래 일기 **223**

1부

블랙타이드와 탄력성장

팬데믹, 세계 경제의 대변화 등 블랙타이드는 우리의 사회·경제·정치 각 분야 시스템에 충격과 손상을 주고, 때로는 시스템의 붕괴를 가져온다. 이러한 충격과 손상은 굳어져온 비효율적인 시스템을 혁신하고 변화시키는 데 필요한 변화의 비용, 즉 레거시 비용을 낮춤으로써 변화와 혁신의 새로운 '기회'를 제공한다. 블랙타이드와 같은 위기상황에서 새로운 성장 모멘텀의 확보를 위해 적극적으로 시스템을 재구성하면서 위기를 활용하여 도약을 이루는 것, 그것이 바로 탄력성장이다.

1장

대전환과 위기: 블랙타이드의 시대

코로나19는 특정 지역 또는 분야가 아니라 국제적이고 유기적인 커다란 충격을 만들어냈다. 21세기 재난의 특징 중 하나가 재난의 거대화, 복합화, 상시화이다. 기후변화를 필두로 한 환경적 변화와 도시화·산업화·인구밀집 등 사회적 변화로 인한 위험 요인들이 상호 연계 작용하기 때문이다. 하나의 재난이 끝나기도 전에 또 다른 재난이 파도처럼 연쇄적이면서 동시다발적으로 밀려온다는 의미에서, 이 책에서는 이러한 현상을 '블랙타이드Black Tide'라고 명명한다.

1

위기의 거대화, 복합화, 상시화

소년은 여느 때와 달리 창밖에서 아무 소리도 들리지 않는 것이 이상했다. 평소라면 옆집 아저씨의 TV 소리, 시끄럽게 오가는 자동차 소리, 동네 아이들이 왁자지껄 떠드는 소리가 나야 할 때인데 너무도 조용했다. 어쨌거나 소년은 개의치 않고 평소처럼 응접실에서 놀다가 잠시 더위를 식히기 위해 발코니로 나갔다. 그리고 이상하게 조용한 거리를 살며시 내려다보았다.

"탕!"

소년은 영문도 모른 채 그 자리에서 쓰러져 사망했다.

이는 2020년 4월 케냐에서 일어난 불행한 사건이다. 케냐 경찰은 소년이 코로나19 확산 방지를 위한 통행금지령을 어겼다고 오인해 발포했다고 밝혔다. 이러한 상황은 단지 케냐만의 문제가 아니었다. 그 당시 코로나19에 대한 공포가 전 세계를 덮치고 있었다. 세계적으로 인종차별과 지역혐오, 세대·계층·종교 간 갈등 및 각종 사회적 갈등이 증폭되었다. 한국에서도 대구 전체가 특별재난지역으로 선포되며 봉쇄에 가까운 조치가 취해졌고, 그 시기 대구·경북 시도민의 소득이 55%나 감소하기도 했다.

코로나19는 불과 몇 주만에 전 세계를 커다란 공포의 도가니로 몰아넣었다. 미국은 코로나19 확산을 차단하고자 국내항공 운항 중단 등을 포함한 모든 옵션을 저울질하고 있었고, 이미 3월에 28개 유럽 국가로부터의 입국을 제한했다. 또한 코로나19 환자가 기하급수적으로 늘어나기 시작해 1만 명을 넘어설 정도가 되자, 전 세계에서 가장 긴 캐나다와의 국경 약 9,000킬로미터 을 폐쇄하는 등 사실상 하늘길과 땅길을 모두 막았다. 전 세계 50여 개 크루즈 선사들이 가입한 세계크루즈선협회는 미국 내 항만에서의 모든 운항을 중단했다. 나아가 미국은 전 세계 대부분 국가에서 정규 비자 업무를 중단해야 했다.

이처럼 코로나19는 전 세계적으로 메가 임팩트를 가져왔다. 미국 경제는 코로나19 충격이 본격화한 2020년 2분기에 연율 -32.9%의 성장으로, 종전 최악의 기록보다 세 배나 나쁜 극심한 역성장을 기록했다. 참고로 대공황 때인 1932년의 연 성장률은 -12.8%였다. 미국이 최근 10여 년 동안 이룩해온 경제성장, 국내총생산GDP 의 확대가 일거에 사라져버린 것이다. 노동통계국에 따르면 2020년 3월 미국의 실업률은 4.4%로, 2017년 8월 이후 가장 높은 수치였을 뿐만 아니라 4월 한 달 동안 2,600만 개 이상의 일자리가 사라졌다고 한다.

존스홉킨스대학이 집계한 자료에 따르면, 코로나19 바이러스는 중국 우한에서 발생한 이래 185개국으로 확산되어 2020년 11월 기준 전 세계 131만 명이 넘는 사망자를 발생시켰다. 전 세계는 바이러스의 확산을 막기 위해 국경 폐쇄, 학교와 직장 폐쇄, 대규모 집회 제한 등 다양한 방법으로 폐쇄 조치를 시행했다. 3개월 봉쇄 기간을 가정하고 경제 추정 손실을 예측한 아시아개발은행ADB은 코로나19로 인한 전 세계의 경제 손실이 5조 7,970억 달러이고, 6개월 봉쇄 기간을 가정할 경우에는 손실이 8조 7,900억 달러에 달할 것으로 추정했다. 이는 각각 전 세계 GDP의 6.4%와 9.7%가 줄어들 수 있음을 의미한다ADB, 2020.

코로나19로 인한 경제 손실 추정

자료: 아시아개발은행, 2020.

	추정 손실액		GDP 대비 손실액 비중	
봉쇄 기간[01]	3개월	6개월	3개월	6개월
전 세계	−5조 7,969억 달러	−8조 7,899억 달러	−6.4%	−9.7%
아시아	−1조 6,678억 달러	−2조 5,291억 달러	−6.2%	−9.3%

01 봉쇄 기간은 각국에 코로나19 확산이 심화된 후 통제를 시작해 경제활동 정상화가 가능해질 때까지 소요될 것으로 예상되는 추정 시간이다(자료: 아시아개발은행 자체 추정).

코로나19 위기는 단순히 바이러스에 의한 감염병으로서의 영향뿐만 아니라 전 세계 사회·경제·금융 · 무역·산업 등 모든 분야에서도 가늠할 수 없을 정도의 엄청난 영향을 주고 있다. 이처럼 이즈음의 위기는 거대화, 복합화, 상시화되고 있다. 이를 '블랙타이드(Black Tide)'라고 명명한다.

코로나19로 인해 세계 경제활동이 유례없이 위축되었고, 수없이 많은 기업들이 파산했으며, 사람들이 일자리를 잃었다. 세계은행WB은 코로나19로 인해 2021년까지 전 세계적으로 약 1억 5,000만 명의 추가적인 극빈자가 발생할 것으로 예상했다WB, 2020. 국제통화기금IMF의 수석 이코노미스트인 기타 고피너스는 이를 "어느 나라도 구제받지 못하는 진정한 글로벌 위기"라고 분석했다.

또한 IMF는 2020년 세계 경제성장률을 -3.0%로 전망하고, "2020년과 2021년에 걸쳐 전염병 위기로 인한 세계 GDP 누적 손실은 약 9조 달러로 일본과 독일의 경제규모보다 더 큰 규모일 수 있다."고 발표했다 형수경, 2020.4.27.. 또한 세계무역기구WTO는 2020년 세계 무역규모가 최대 31.9%나 급감할 수 있다고 밝혔고, 거의 모든 국가가 수출과 수입에서 두 자릿수 감소를 겪을 것이라고 전망했다. 실업률이 미국에서만 증가한 것은 아니다. 전 세계는 급격한 실업률 상승을 겪고 있으며, 일부 경제학자들은 상황이 더 악화될 수 있다고 경고했다.

이와 같이 코로나19 위기는 단순히 바이러스에 의한 감염병으로서의 영향뿐만 아니라, 전 세계 사회·경제·금융·무역·산업 등 모든 분야에서도 가늠할 수 없을 정도의 엄청난 영향을 주고 있다. 이는 이전에는 한 번도 겪어보지 못한 글로벌 위기이다. 전 세계적으로 기존의 금융위기, 대공황, 전쟁, 자연재해와는 비교할 수 없을 정도의 역사상 유례없는 영향을 주고 있다. 시작은 코로나19였지만, 그 위기가 점차 거대화·복합화되면서 글로벌 문제를 확대하고, 이 모든 상황이 상시화되고 있다.

2

블랙타이드의 시대

신종 감염병에 대한 경고는 전문가들을 통해 반복적으로 제기되었지만, 이를 진지하게 받아들인 정책결정자가 많지 않았다. 2015년 마이크로소프트 회장인 빌 게이츠가 테드TED 강연에서 신종 감염병에 대해 경고했던 것처럼, 여러 전문가들이 팬데믹의 가능성을 경고해왔음에도 불구하고 각국은 이를 대수롭지 않게 여겨왔다.

블랙타이드란 무엇인가?

코로나19라는 팬데믹이 현실화되어 우리가 입은 피해는 1929년 대공황 때의 세 배에 달하는 수준이다. 위기에 관해 설명하는 블랙 스완, 화이트 스완, 그레이 스완, 블랙 엘리펀트Black Elephant[02] 같은 기존 개념이 여럿 있지만, 이제 위기는 이런 하나의 스완이나 엘리펀트를 넘어서 국제적이고 복합적인 커다란 충격을 만들어낸다. 즉, 한 분야에서 나타난 위기가 다른 분야까지 미치는 파급력이 과거에 비해 광범위하게 증폭되고 있으며, 그 속도도 훨씬 빨라지고 있다. 또한 이러한 위기는 단순히 한 가지 위기로 전개되지 않고, 다양한 다른 위기와 도전을 복합적으로 가져온다. 한 분야에서 일어난 위기가 예상하지 못했던 곳에 영향을 미치면서 복잡하게 전개되는 것이다.

21세기 재난의 특징 중 하나가 재난의 복합화·거대화이다. 재난이 복합적으로 발생하고 있는 배경에는 기후변화를 필두로 한 환경적 변화와 도시화·산업화·인구밀집 등 사회적 변화로 인한 위험요인들이 상호 연계 작용하기 때문이다. 하나의 재난이 끝나기도 전에 또 다른 재난이 파도처럼 연쇄적이면서 동시다발적으로 밀려온다는 의미에서 이러한 현상을 이 책에서는 '블랙타이드Black Tide'라고 명명한다. 검은 파도는 필연적으로 재난의 거대화를 가져올 수밖에 없으며, 이는 단일 지역이나 국가 차원에서는 관리와 복구가 어려운, 전 세계적으로 막대한 피해를 수반한다.

02 블랙 스완, 화이트 스완, 그레이 스완, 블랙 엘리펀트에 대해서는 48쪽 '위기에 대한 기존 개념들과 블랙타이드' 참조.

감염병과 블랙타이드

최근 전 세계가 코로나19를 경험하고 있듯이, 인적교류가 빈번하게 일어나고 세계가 더욱더 가까워짐에 따라 감염병의 확산은 이전보다 훨씬 빠르고 광범위해졌다. 산업화로 쓰레기가 늘면서 도시 위생 상태가 나빠지고, 자원개발로 숲이 파괴되면서 야생 동물과의 접촉이 늘어 새로운 전염병도 잇달아 등장하고 있다. 과도한 항생제 사용은 변종 바이러스의 출현을 야기하고 있으며, 매년 새로운 독감 바이러스가 생기는 것처럼 변종 바이러스로 인한 감염병이 증가하고 있다OECD, 2011.

특히 밀집된 환경에서 사육되는 가금류들 사이에서 새로운 변종 바이러스에 의한 대규모 감염성 질환이 증가하고 있다. 예를 들어 멕시코 SI 바이러스는 사람 인플루엔자와 조류·돼지 인플루엔자가 돼지에서 섞이면서 신종 바이러스로 변종한 사례이다. 우리나라에서 해마다 문제가 되는 조류 인플루엔자도 사람의 인플루엔자가 조류의 것과 재조합하면서 생겨난 변종 인플루엔자의 한 형태라고 할 수 있다. 이러한 변종 바이러스의 증가는 또 다른 코로나19와 같은 글로벌 블랙타이드를 가져올 수 있다.

지구 온난화와 블랙타이드

지구 온난화로 인한 기후변화도 생태계는 물론 인간의 생활과 생존을 위협하는 글로벌 리스크로 점차 다가오고 있다. 2000년부터 2012년까지 기상이변으로 인해 전 세계적으로 1조 7,000억 달러의 재산 피해와

120만 명의 사망자를 포함하여 약 29억 명의 인구가 영향을 받은 것으로 나타났다UNISDR[03], 2013.

기후변화에 영향을 주는 탄소 배출도 마찬가지이다. 경제협력개발기구OECD에 따르면, 2030년까지 화석연료석탄·석유·가스의 연소로부터 나오는 전 세계의 탄소 배출은 현재보다 16% 증가한 약 3만 5,000메가톤 정도가 될 것이다. 온실가스 배출의 누적과 더불어 탄소가 현재 추세로 계속 배출된다면, 지구의 평균 기온은 21세기 말기까지 2.6도℃에서 4.8도까지 상승할 것이며, 평균 해수면도 63센티미터 높아져 엄청난 글로벌 위기를 가져올 것으로 예상되고 있다IPCC[04], 2013. 아울러 지구 온도가 2도 이상 상승할 경우 경제적 피해는 전 세계 GDP의 0.2~2%에 이르고, 홍수 등으로 인해 수억 명이 피해를 입을 것으로 추정된다IPCC, 2014.

특히 지구 온난화의 원인을 제공하는 국가와 피해를 받는 국가 간의 경제적·정치적 갈등이 커지고, 사회적 취약계층에 대한 피해는 더욱 확대될 것으로 예상된다. 게다가 예측하기 어려운 홍수·폭풍·폭설·가뭄 등은 물리적 피해뿐만 아니라 도시 재정에도 엄청난 부담을 줄 것으로 예상된다. 2005년 세계 136개 해안 대도시에서 홍수로 인한 손실은 한 해 약 60억 달러 수준이었지만, 2050년에는 인구와 자산 증가 등

03 United Nations Office for Disaster Risk Reduction, 유엔 국제 재해경감 전략기구이다.
04 Intergovernmental Panel on Climate Change, 유엔 산하 기후변화에 관한 국제 협의체이다.

사회·경제적 요인만으로도 약 520억 달러로 증가할 것으로 예상되며, 기후변화에 대한 도시의 취약성을 더욱 가중시킬 것으로 전망된다AT 커니, 2015. 이에 각국 정부는 기후변화 대응을 위한 '탄소중립'을 선언하고 있다. 각국의 정책 노력들이 기후변화 리스크 감소에 얼마나 효과적인지 지켜봐야 할 것이다.

또한 현재 전 세계적으로 극단적인 이상기후가 속출하고 있다. 세계기상기구WMO에 따르면, 최근 5년간 가장 극심했던 기상이변인 폭염이 발생했고 이로 인해 산불도 빈번하게 일어났다. 2018년 유럽에서는 연일 40도가 넘는 폭염이 지속되었고, 2020년 1월부터 6월까지 시베리아의 평균 기온은 평년보다 5도 이상, 6월은 10도 이상 높았다. 그뿐만 아니라 시베리아의 베르호얀스크 지역은 기온이 38도까지 오르기도 했다. 영하 40도가 넘은 기록적인 한파와 폭설도 세계 곳곳에서 이어지고 있다.

한반도도 이러한 극단적인 기상이변으로부터 결코 자유롭지 못하다. 최근 들어 100년, 또는 50년 만의 최악의 한파·폭염·태풍·홍수·가뭄 등과 같은 보도가 심심치 않게 등장하고 있다. 지금까지 한 번도 경험해 보지 못한 역대급 폭염이나 한파가 온다면 전력 예비율을 뛰어넘은 전력 수요 증가로 인해 일시적인 정전인 블랙아웃이 발생할 수도 있다. 일시적인 정전이 한 지역에서만 발생하더라도 다른 지역에 파급효과가 나타나면서 엄청난 경제적·사회적 손실을 가져올 수 있다. 만약 진단과 치료를 위한 인프라를 필요로 하는 코로나19와 같은 감염병과 블랙아웃이 복합적으로 발생한다면 그 혼란과 피해는 상상을 초월할 것이다. 통신과 교통의 마비는 물론, 병원에 전기 공급이 끊기면서 인공호흡기 등 의료장비의 가동이 중단되면 중환자들뿐만 아니라 일반인들의 안전에도 심각한 영향을 미칠 수 있다.

글로벌 패러다임 변화와 블랙타이드

자연적인 재해뿐만 아니라 글로벌 정치·사회·경제의 패러다임도 변화하고 있다.[05] 세계는 1980~2010년 사이 중국·인도·러시아를 중심으로 한 개방과 글로벌 자유시장경제에 대한 참여로 약 30억 명에 가까운 역사상 유례없는 대규모 저임금 노동인력이 투입되면서 글로벌리제이션 1.0이라는 경제적 황금기를 누려왔다. 전 세계는 이러한 변화를 활용하기 위해서 뒤늦게 개방된 저임금 노동인력 국가인 중국과 인도를 중심으로 자국 제조기업들을 이전Off-shoring하면서 생산비용을 급격히 줄였다. 동시에 정보기술IT 중심의 급격한 기술혁신으로 인해서 이들 저임금 노동인력들의 생산활동이 선진국의 노동인력과 직접 경쟁하게 됨으로써 글로벌 초경쟁 시대로 진입하게 되었다.

그런데 바로 여기서 또 다른 문제가 생기기 시작했다. 중국·인도

05 http://www.kea.ne.kr/common/download?id=329&section=conf
https://www.yna.co.kr/view/AKR20200429180900003
http://news.kotra.or.kr/user/globalBbs/kotranews/5/globalBbsDataView.do? setIdx=244&dataIdx=181274
https://ged-project.de/globalization/coronavirus-economic-impact
https://www.weforum.org/agenda/2020/04/supply-chains-resilient-covid-19

아시아의 제조업 임금 상승

자료: 유엔공업개발기구(UNDO), 산업 통계 데이터베이스, 2006.

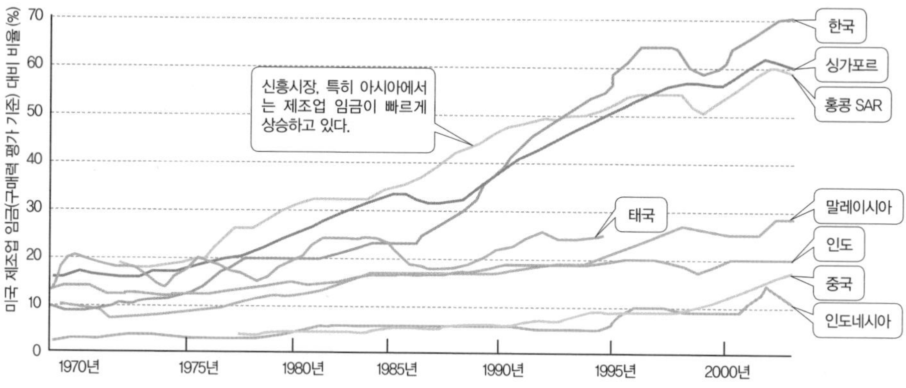

선진국의 GDP 대비 노동임금 점유율

자료: 유엔공업개발기구(UNDO), 산업 통계 데이터베이스, 2006.

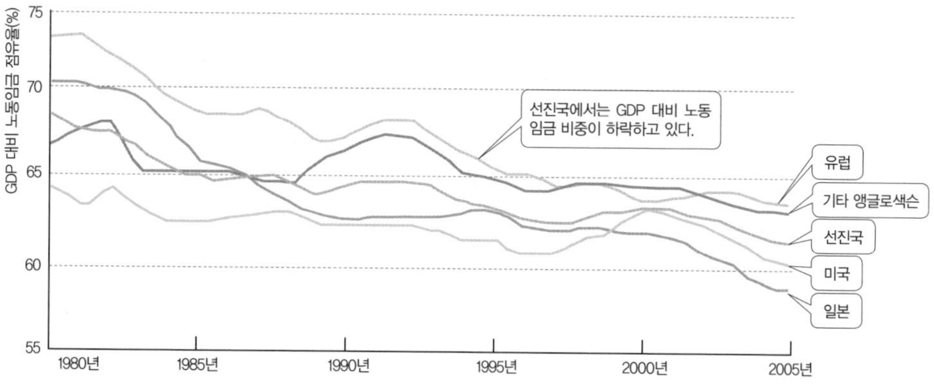

등의 저임금 노동인력에 기반한 빠른 경제성장은 중국을 중심으로 한 아시아에 글로벌 생산 집중을 가져왔고, 결과적으로 중국과 아시아의 자본 축적을 가속화한 것이다.

중국이 향후 세계 GDP의 1/5을 점유하는 경제대국이 될 것이라는 데 이견이 없고, 인구대국인 인도도 지속적인 성장세를 이어갈 것으로 전망됨에 따라, 아시아의 두 거대 경제는 세계에서 가장 큰 중산층을 보유한 국가로 성장할 것이다. 2030년 중국과 인도는 글로벌 중산층의 약 23%와 18%를 점유하게 될 것으로 추계된다ESPAS[06], 2012.

이러한 변화는 결과적으로 미국과 유럽을 중심으로 한 국가들의 GDP 대비 노동임금의 비중을 하락시키며, 이들 국가의 중산층 몰락이라는 결과를 가져왔다. 미국·유럽을 중심으로 한 선진국들의 빈부격차 심화, 금융위기 등 다양한 경제·사회적인 문제들의 단초를 제공한 것이다.

이미 중국과 미국은 세계 경제의 주도권을 놓고 패권경쟁을 시작했다. 중국은 브레튼우즈 체제IMF, 세계은행로 대변되는 미국 중심의 세계 경제질서를 재편하기 위해 일대일로一帶一路 전략을 본격화하기 시작했다. 중국의 확대된 경제력을 반영하지 못하는 미국·유럽 중심의 IMF와 세계은행에 대응하여, 중국은 아시아인프라투자은행AIIB을 설립하기까지 했다. 미·중 무역갈등, 중국 기업에 대한 미국의 제재, 미

06 Extreme Scale Parallel Architectures and Systems, 2012년 프랑스 파리에서 열린 국제 워크숍이다.

국·호주·일본·유럽을 중심으로 한 대중국 대응, 미국의 중국 유학생 비자 중단 등 새로운 패러다임 아래에서 글로벌 정치·경제 위기는 증폭되고 있다.

팍스 아메리카나의 종식과 블랙타이드

19세기 영국의 외교 철학 가운데 '명예로운 고립Splendid Isolation'이라는 말이 있다. 이는 바깥 세상에 문을 걸어 잠그는 수동적인 쇄국을 의미하는 것이 아니라, 세계의 힘이 한쪽으로 쏠리는 것을 막고자 하는 균형자의 역할을 강조한 외교 철학이다. 세계 패권 국가로서 영국의 균형자적 위치는 20세기 중반 이후 미국에 의해 대체되어 지금까지 그 지위가 유지되고 있다.

그러나 지난 70여 년간 세계를 상대로 한 미국의 외교정책은 '고립'보다는 세계 경찰국가로서 적극적인 '관여' 쪽에 더 무게를 두었다. 그런데 미국 내에서 이러한 미국의 역할에 대한 불만이 점차적으로 쌓이고 있는 양상이다. 무엇보다도 세계 2위에서 10위까지의 국방비를 합한 것과 맞먹는 천문학적인 군사비 지출이 미국의 경찰국가로서의 역할 지속에 대한 의문을 제기하고 있다. 도널드 트럼프 미국 대통령은 미군의 임무는 세계의 경찰 노릇을 하는 것이 아니며, 미국의 국가적 이익이 걸려 있을 때만 싸울 것이라고 말한 바 있다. 비록 트럼프가 2020년 대선에서 패했지만, 이 선거에서 7,000만 명 이상의 미국인이 트럼프를 지지했다. 트럼프와 같은 생각을 가진 지도자가 언제든지 또

나올 수 있다는 이야기이다.

미국의 고립주의는 자유무역과 노동과 자본의 이동에 제한을 가져올 수 있으며, 기존의 세계 안보질서에도 커다란 변화를 가져올 수 있다. 미국 우선주의에 기반한 미국의 고립주의는 세계의 번영과 안전에 큰 위협으로 작용할 수 있다. 미국이 국제문제에 관여하지 않을 경우, 러시아나 중국이 그 빈자리를 채우려 할 것이다. 또한 미국이 한국 등 아시아에서 미군을 철수시키거나 동맹국을 포기한다면, 이 나라들은 결국 중국에 편승할 수밖에 없다. 일본과 인도는 중국에 대항해 군사력을 증강할 것이며, 이는 필연적으로 아시아 지역에서 군사적 충돌을 가져올 수 있다.

우리는 이와 유사한 사례를 역사에서 찾아볼 수 있다. 미국은 과거 1920~1930년대에 고립주의를 지향하면서 보호무역주의를 강화했으며, 이는 유럽과 아시아의 경제 블록화와 세계 대공황을 촉발했다. 그리고 세계 경제의 블록화와 대공황은 제2차 세계대전으로 이어졌다. 현 질서를 바꾸고 싶어 하는 세력이 전쟁을 일으킬 수 있는 원인과 명분을 제공한 것이다. 미국의 고립주의는 결국 러시아, 중국, 인도 등 새로운 세계 질서의 재편을 원하는 국가들에게 잘못된 사인을 줄 수 있다. 이로 인해 세계대전과 같은 대규모 전쟁은 아닐지라도, 한반도를 포함한 동북아시아 등에서 군사 충돌과 같은 국지전이 일어날 가능성은 얼마든지 있다.

북한, 테러, 종교갈등과 블랙타이드

또 다른 블랙타이드로 북한 리스크를 빼놓을 수 없다. 북한은 지구상에서 가장 폐쇄적이고 예측이 어려운 국가라고 할 수 있다. 지정학적인 위치에 더해 핵까지 보유하고 있는 북한은 미국, 중국, 러시아, 일본 등 4대 강국의 이해관계가 첨예하게 부딪히고 있는 지역이기도 하다. 따라서 김정은의 갑작스러운 사망 등과 같은 북한 내부의 변고는 한반도를 넘어서 전 세계적인 충격을 가져올 수 있다. 특히 북한의 변고 시 핵무기의 통제력이 약화되면서 일부 군부세력이나 테러리스트 집단으로 통제권이 넘어갈 경우 재앙적인 결과를 초래할 수 있다.

한편 종교적 극단주의와 테러리즘이 존재하는 중동은 항상 세계의 안정과 평화를 저해하는 불안요소로 작용해왔다. 미국은 9.11테러 이후 '테러와의 전쟁'을 선포했으며, 지난 20년 동안 세계 곳곳에서 이슬람 과격 세력 등을 포함한 테러집단을 와해시켜왔다. 그러나 최근 이슬람 과격단체의 테러로 인한 프랑스 교사의 사망 사건에서 보듯, 종교적 극단주의 세력은 언제든 다시 대규모 테러나 전쟁 등으로 존재감을 과시할 수 있다. 종교적 극단주의의 발호와 테러는 비단 유럽 국가들이나 미국을 대상으로만 이루어지지는 않을 것이다. 특히 미국과 동맹관계를 유지하고 있으며 미군이 주둔하고 있는 한국의 경우, 언제든지 테러리스트의 공격 대상이 될 수도 있다.

인공지능과 블랙타이드

인공지능AI의 도전은 인류 사회에 새로운 글로벌 위기를 가져올 수 있다. 인공지능에 의한 지능화 혁명은 인간 고유의 능력인 지능과 감성의 일부를 보완 또는 대체할 것으로 전망된다. 인공지능, 머신러닝Machine Learning, 기계학습, 딥러닝Deep Learning, 심화학습, 인지 컴퓨팅 등의 기술 발전은 산업, 고용, 의료, 법률 등 여러 영역에서 급격한 변화를 초래할 것이다. 이미 인공지능 기술은 의료, 법률, 투자, 그 외 전자상거래를 통한 구매행위나, 수요 예측, 일기예보, 교통량 관리, 영토 보안 등 개인·기업·국가의 다양한 업무에 활용되고 있다. 물론 인공지능의 진화는 우리의 일상생활을 더욱 편리하게 만들 수 있지만, 그 이면에는 미래 우리 사회에 블랙타이드를 몰고올 수 있는 위험성이 존재한다.

우선 인공지능 기술의 발전은 일자리를 감소시킬 수 있다. 즉, 인공지능 기술로 인해 자동화된 기계의 노동 비중이 인간의 노동 비중보다 높아지게 되는 현상이 발생하면서 인간은 기존의 일자리를 잃게 될 수 있다WEF, 2018. 또한 세계경제포럼WEF은 '2020 미래 직업 보고서The Future of Jobs Report 2020'에서 2025년에는 인간과 기계의 노동시간이 같아지며, 일자리가 새롭게 창출되는 속도보다 사라지는 속도가 더 빨라질 것으로 전망했다. 특히 이러한 일자리 감소는 코로나19로 더욱 가속화될 수 있음을 우려했다WEF, 2020. 또한 '인공지능의 무기화'는 앞으로의 전쟁이 글로벌 사회에 치명적일 수 있음을 보여준다. 세계경제포럼이 2017년에 발표한 '2017 글로벌 위험 보고서The Global Risks Report 2017'에 따르면, 인공지능 기술은 개인정보나 산업기밀을 해킹하고자 하는 사람들에게 유용한 도구가 되어 데이터 유출과 사이버 공격의 위험성을 높일 수 있다WEF, 2017.

고령화와 블랙타이드

선진국·개발도상국을 막론하고 이미 전 세계적인 고령화가 진행중이다. 65세 이상 고령층이 2019년 기준 11명 중 1명꼴인 9%에서 2050년에는 6명 중 1명꼴인 16%로 증가하면서 고령화가 심화될 것으로 전망된다.

선진국과 개발도상국의 고령인구(60세 이상) 증가 추이 및 예상 자료: 유엔인구기금(UNPF), 2012.

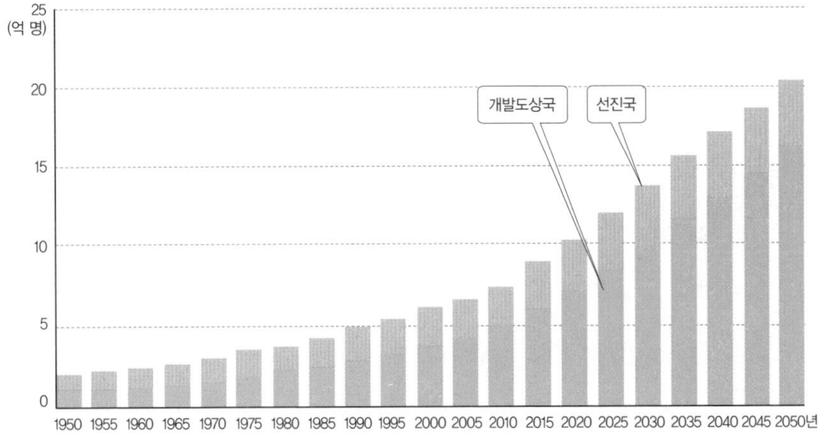

유럽은 2005년을 시작으로 2030년까지 2,800만 명6.8%의 노동인구 부족을 겪게 될 것이며, 2030년이 되면 2명의 경제활동인구가 1명의 비경제활동인구65세 이상를 부양해야 하며, 2005년 대비 어린이 및 청년 인구

가 1억 8,000만 명 정도 줄어들 것으로 전망되고 있다UN, 2015.

고령인구는 선진국보다 개발도상국에서 더 빠르게 증가하고 있으며, 선진국과 개발도상국 간 평균 연령의 격차는 2030년 12세까지 축소될 것으로 전망되고 있다UNDESA[07], 2015. 특히 중국은 적정 수준의 경제성장을 달성하기도 전에 고령화 사회로 접어들고 있으며, 심각한 노동력 부족에 직면할 것으로 전망된다.

금융위기와 블랙타이드

전 세계가 경험할 수 있는 또 하나의 블랙타이드는 글로벌 차원의 금융 및 경제 위기, 그리고 대공황이다. 세계는 정보통신 및 교통기술의 발전으로 지구촌이라는 말이 무색할 정도로 가까워졌으며 동조화되어 있다. 한국에서 일어난 사건이나 현상이 만 하루도 안 되어 지구 반대편에서 나타나는 것이 오늘날 우리가 살고 있는 세계이다.

특히 금융자본의 유동성은 지속적으로 확대되어왔으며, 한 지역 또는 국가의 금융위기가 전 세계로 확대되는 속도가 이전과는 비교할 수 없을 정도로 빨라졌다. 금융위기가 곧 실물경제에 영향을 미치면서 경제위기가 발생하고, 상황이 악화될 경우 글로벌 차원의 대공황을 겪을 수도 있다. 이러한 일련의 위기는 자칫 자본주의 자체의 붕괴로까지 이어질 수 있다. 사실 지난 2세기 동안 자본주의는 극심한 변화를 겪

07 United Nations Department of Economic and Social Affairs, 유엔 경제사회처이다.

어왔다. 호황과 불황 사이를 오가면서 지속적으로 자체적인 체제 수정을 거쳐 진화해왔다. 그러나 앞으로 인류가 겪을 수도 있는 금융 및 경제 위기는 자본주의 자체에 대한 믿음을 일시에 붕괴시킬 수도 있을 것이다.

★★★

앞에서 우리는 성큼 다가온 블랙타이드 시대의 여러 면모를 살펴보았다. 코로나19보다 훨씬 높은 치사율을 갖는 강력한 변종 바이러스의 등장, 러시아 독재 붕괴, 미·중 경제전쟁, 사이버 금융 테러 등 충분히 블랙타이드가 발생할 수 있는 가능성이 있다.

역사적으로 보더라도 이러한 블랙타이드는 응축되어왔던 불만과 불안의 요소들이 하나의 작은 촉매를 통해 불현듯 발생했다. 19세기 제국주의 시대에 유럽 국가들의 경쟁과 대립은 1914년 사라예보의 총성이라는 촉매를 통해 제1차 세계대전을 점화시켰으며, 미국의 고립주의로 인한 보호무역 강화는 세계 경제의 블록화와 대공황, 그리고 제2차 세계대전의 발발로 이어졌다. 비록 발생할 확률은 낮겠지만, 미국 혹은 유럽에 자국의 이익을 최우선으로 하는 히틀러와 같은 강력한 독재자가 등장할 수도 있다. 테러와 전쟁, 보호무역주의 강화로 인한 세계 대공황을 가능하게 할 요소들도 꾸준히 응축되고 있으며, 하나의 작은 촉매로 인해 예기치 못한 시간과 장소에서 폭발할 수 있다.

이렇듯 우리가 살고 있는 현실과 미래는 블랙타이드가 밀려오는 세상이다. 따라서 비록 일어날 가능성이 희박하고, 예측하기 어려울지라도 다양한 가능성을 열어놓고 미래에 대한 선제적인 고민을 하고 방안을 준비할 필요가 있다. 급속도로 거대화되고 있는 위기에 대응하기 위해서는 이전과 다른 준비가 필요하다.

잠깐

위기에 대한 기존 개념들과 블랙타이드

화이트 스완

화이트 스완은 과거의 경험을 통해 예측할 수 있으나 적절한 대책을 마련하지 못해서 피해를 막을 수 없는 상황을 말한다. 미국의 경제학자 누리엘 루비니의 2010년 저서『위기 경제학』에서 사용된 용어이다. 한국의 경우, 매년 반복되는 조류 인플루엔자가 이에 해당한다. 정부와 관계 당국은 겨울이 오면 조류 인플루엔자가 유행할 것이라 예측 가능하지만 철새로부터 질병이 옮는 등의 이유로 적절한 대책이 부재한 상황이다.

그레이 스완

화이트 스완처럼 예측 가능하거나 이미 알려진 위험이지만, 마땅한 해결책이 없거나 모호하여 위험요인이 항상 존재하는 상황을 일컫는 말이다. 나심 니콜라스 탈레브의 2007년 저서『블랙 스완』에서 언급된 개념이다.

블랙 스완

경제와 사회에 엄청난 충격과 변화를 유발할 수 있지만, 발생할 확률이 지극히 낮으며 과거의 경험에서 벗어나 예외적으로 발생하는 극단적인 상황을 의미한다. 마치 전혀 존재하지 않을 것으로 생각되었지만, 1697년 네덜란드 탐험가에 의해 실제로 발견되어 큰 충격을 주었던 블랙 스완의 존재처럼, 전혀 발생하지 않을 것 같지만 극히 낮은 확률로 발생할 수 있는 상황이 사회와 경제에 큰 파장을 몰고올 수 있다는 개념이다. 나심 니콜라스 탈레브가 저서 『블랙 스완』을 통해 서브프라임 모기지 사태를 예견하면서 두루 쓰이게 되었다.

블랙 엘리펀트

눈앞에 있는 커다란 코끼리가 방 안을 쑥대밭으로 만들어 놓을 것을 누구나 알 수 있지만, 이미 눈앞에 있는 위기임에도 불구하고 관성·부정·두려움·불편함·이해관계 충돌 등의 다양한 이유로 애써 무시하다가 더 큰 피해를 입는 상황을 말한다. '블랙 스완'과 '방 안의 코끼리'를 합성한 용어이며, 〈뉴욕 타임스〉 칼럼니스트인 토머스 프리드먼이 2016년 저서 『늦어서 고마워』에서 처음 사용한 말이다.

기존 위기 개념과 블랙타이드

2장

위기를 기회로:
탄력성장

코로나19에 대한 한국의 기민한 대응, 일본의 급작스러운 수출규제에 대응한 소부장 기술의 내재화는 위기상황에서 '원상 회복'이라는 소극적인 대응을 넘어서, '시스템의 혁신과 재구성'이라는 적극적인 대응이 사회·경제 전체에 얼마나 큰 성과를 가져오는지를 극명하게 보여주었다. 즉, 블랙타이드 위기상황에서 새로운 성장 모멘텀의 확보를 통해 시스템을 재구성하고, 회복을 넘어서 오히려 성장을 이룬 것이다. 이 책에서는 이를 '탄력성장'이라고 정의한다.

1

대한민국의 위기와 도약 -코로나19와 소부장

메르스 위기와 코로나19 초기의 도약

메르스 위기와 적극적 준비

2015년 5월 20일, 바레인에서 한국으로 귀국한 한 여행자가 고열로 급히 입원했다. 처음에는 감기와 유사한 증상을 보였으나 점차 증상이 확대되면서 기침과 호흡곤란 등으로 심화되었고, 기존에 보지 못했던 합병증이 생기기 시작했다. 의사들은 아직 경험해보지 못한 병원균을 가진 이 환자에 대해 적절하게 대처하지 못했고, 그 병원에서 추가 감염자들이 연이어 발생했다. 두 달여 기간 동안 36명의 사망자와 186명의 확진자가 발생했으며, 치사율이 34%에 달하게 된다.[01] 이후 우려했던 3차, 4차 감염으로 확산되었으며 격리자 수는 6천여 명까지 치솟았다. 그리고 7월 27일, 마지막 격리가 해제되었다. 2015년 중동호흡기증후군, 즉 메르스 사태가 벌어진 한국의 상황이다.

당시 메르스는 한국이 경험해보지 못한 감염병이었기 때문에 정부의 초기 대응이 늦었고, 국민들의 위기의식도 부족하여 매우 빠르게 확산되었다. 초기에 정부는 메르스의 전파력이 낮다고 판단해서 2미터 근접 접촉자 위주로 격리를 했으나, 다른 병동 사람들이 바이러스에 감염되는데다가 점차 다른 병원으로까지 확산되었다. 문제가 심각해지면서 서울시는 메르스 환자가 다녀갔거나 치료를 받고 있던 24개 병원의 명단을 공개했다. 서울 모 병원은 확진자 관련 정보를 받고 나서야 첫 감염자가 입원했던 병원임이 밝혀지게 되었고, 이 병원에서는 30여 명의 확진자가 발생하게 된다.

당시 보건복지부는 국민들의 불안을 막기 위해 감염병 관련 정보를 의료진에게만 공개한다는 입장이었는데, 결과적으로 감염병에 대한 초기 대응에 실패하여 광범위하게 확산하게 된 원인 중의 하나로 여겨진다. 메르스 사태로 인한 충격으로 한국 정부는 감염병 대책에 대한 정책과 지원을 과감하게 변화시키게 된다. 이는 차후에 질병관리본부를 차관급 조직으로 격상하고, 감염병 예방 및 관리에 관한 법령을 개

01 http://covid19seoulmind.org/factcheck/1845

정하며, 감염병 관련 정부 조직을 확대하여 관련 공무원을 증원하고, 감염병 관련 연구개발 예산을 늘리는 등 많은 변화를 가져오게 된 계기가 되었다.[02] 또한 질병관리본부의 역량도 크게 개선되었다. 특히 질병관리본부에 긴급상황센터와 대국민 소통을 책임질 위기소통담당관이 새로 만들어졌으며, 유사시에는 긴급상황센터가 야전을 총지휘하고 기존의 감염병관리센터가 긴급상황센터를 지원하는 체계로 바뀌게 되었다.[03] 아울러 감염환자 전문 치료시설인 음압격리실과 일반격리실을 확대 운영하도록 했다.[04]

코로나19의 도전

한국은 코로나19 발병 초기인 2020년 2월 말과 3월 초 확진자 수가 폭발적으로 증가했으며, 2월 29일에는 하루 확진자 수가 909명을 기록했다. 2020년 1월 20일 확진자가 처음 발생한 후 한 달 뒤인 2월 18일, 신천지 대구교회에서 확진자가 나왔으며 이후 급증하기 시작했던 것이다. 대구·경북 지역의 누적 확진자는 8천여 명에 달하게 되었고, 각국은 한국을 중국과 함께 코로나 위험국으로 분류하기까지 한다.

그러나 불과 일주일 이내에 한국의 확진자 수가 절반으로 줄어들게 된다. 당시 이탈리아를 비롯한 여러 나라에서는 매일 수천 명의 확

02 전병률(2016.5.20.), '메르스 사태 1년 무엇을 남겼나?', 의협신문.
03 Dailymedi(2020.4.14.), '전 세계 인정 코로나19 대한민국 방역체계'.
04 전병률, 앞의 글, 의협신문.

전 세계 코로나 확진자 추이: 일별 신규 확진자 및 누적 확진자

자료: 유럽 CDC 홈페이지, 전 세계 상황 업데이트(최종 업데이트 2020.6.19. 11:00, 런던 시간 기준).

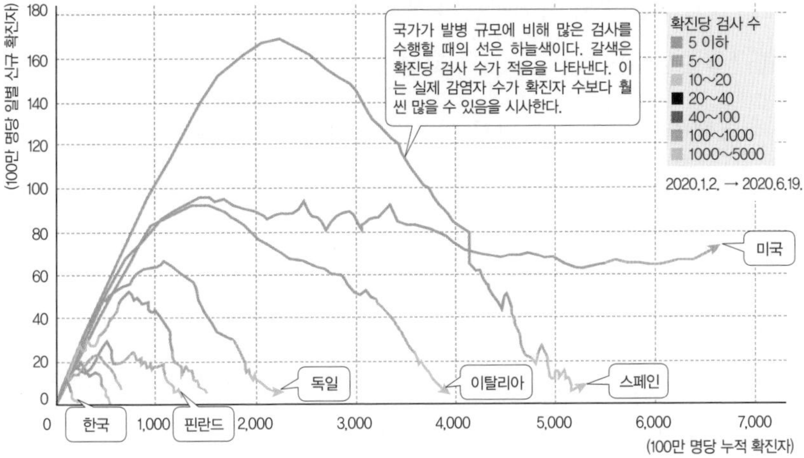

* 참고: 검사 데이터를 사용할 수 있는 국가만 포함했다. 이 데이터에 대한 자세한 내용은 OurWorldInData.org/coronavirus-testing에서 확인할 수 있다. OurWorldInData.org/coronavirus © CC BY

진자와 수백 명의 사망자가 발생하는 등 보건의료 시스템과 경제가 황폐화되고 있던 터였다.

그런데 한국은 이미 1월 말 진단기기 업체들과 긴급회동 후 일주일 뒤에 코로나 진단 키트 개발에 대한 긴급 사용 승인을 추진한 바 있다. 이로 인해 대구에 신속하게 방역조치를 취할 수 있었고, 코로나 바이러스의 확산세를 빠르게 진정시킬 수 있었던 것이다. 한국이 이렇게 대응할 수 있었던 것은 2015년 메르스 사태를 통해서 감염병 확산 상황에 대한 교훈을 얻고 미리 준비했기 때문이다.

당시 한국은 전 세계에서 가장 짧은 시간 안에 가장 많은 수의 검사를 함으로써 확진자들을 신속하게 격리하고 치료할 수 있도록 했다. 진단업체들과의 긴급 회동 후로부터 7주 뒤에 약 29만 건이 넘는 검사를 실시했고, 8천 명의 확진자를 찾아냈는데, 이는 인구 1인당 검사 비율이 미국의 40배가 넘는 빠른 조치였다.

그뿐만 아니라 정부에서 지역별로 새로운 확진자 발생 정보를 실시간으로 제공하여 국민들이 증상이 있을 경우 신속히 검사를 받도록 독려했다. 해외 여행객들은 자가진단을 위한 스마트폰 앱을 사용하게 했으며, 업무공간이나 대형건물에서는 입구에 열화상 카메라를 설치하여 방문자들의 체온을 철저하게 검사하고 출입자 명부를 관리했다. 의료진과 보건당국은 확진 판정을 받은 사람의 동선을 추적하여 접촉 가능성이 있는 사람을 찾아내어 조치를 취했다. 또한 경증환자와 중증환자를 분류해 각각 지역병원과 특별센터로 보내고, 전문 관리인력을 투입하는 등 치료와 환자 관리에 체계적으로 대응했다. 그 결과 2020년 초 코로나19 바이러스 확산 초기에 한국인의 치명률은 1%를 조금 넘는 수준으로 전 세계적으로 가장 낮은 수치를 기록한 국가 중 하나로 평가되었다.

새로운 도약

한국 정부는 2015년 메르스 사태를 겪은 후 감염병 대책에 대한 새로운 정책과 과감한 지원을 추진했고 시스템을 재구성했다. 메르스 사태 때에는 감염병 환자의 진료와 검사가 주로 응급실에서 이루어졌는데, 이로 인해 응급실에서 입원 대기를 하고 있던 중증환자들에게 빠르게 확산된 바 있다. 보건당국은 환자 간 감염을 최소화하기 위해 대형병원들을 중심으로 응급실의 개조를 추진하여 진료 구역을 구분했으며, 침상 간 간격을 넓히는 등 개선을 추진했다. 또한 감염병 사태로 인한 의료 혼란, 응급실 집중 현상을 가져오는 경증 환자들의 대형병원 응급실 내원을 줄이기 위해 이들의 진료비 부담을 인상하는 등 병원 응급 시스템의 획기적인 개선을 가져왔다.[05]

이렇듯 정부가 코로나19 바이러스 확산 초기에 메르스 사태의 교훈을 통한 준비와 개선을 바탕으로 하여 발빠르게 대응한 덕분에, 한국은 코로나 초기 감염 위험국에서 방역의 표본이 될 수 있었다. 또한 접촉을 줄이고 가능한 많은 사람을 신속하게 검진하기 위해 차량에 탄 채로 10분 정도 만에 검사를 마칠 수 있는 드라이브 스루 센터, 투명한 부스에서 접촉 없이 진행되는 워크인Walk-in 센터, 가벼운 증상을 가진 경증환자를 치료하기 위한 생활치료센터 등을 도입하여 방역의 새로운 혁신을 가져왔다.

특히 한국은 코로나 방역의 표본이 되면서 K-방역 수출이라는 적극적 성장까지 이루어냈다. 또한 중국처럼 사회적 소통이나 이동을 강력하게 제한하는 억압적 조치, 미국·유럽처럼 광범위한 봉쇄조치를 취하지 않았기에 경제적으로 막대한 피해를 조금이라도 줄일 수 있었다.

05 전병률, 앞의 글, 의협신문.

코로나19 상황에서 한국의 경제·사회적 성장

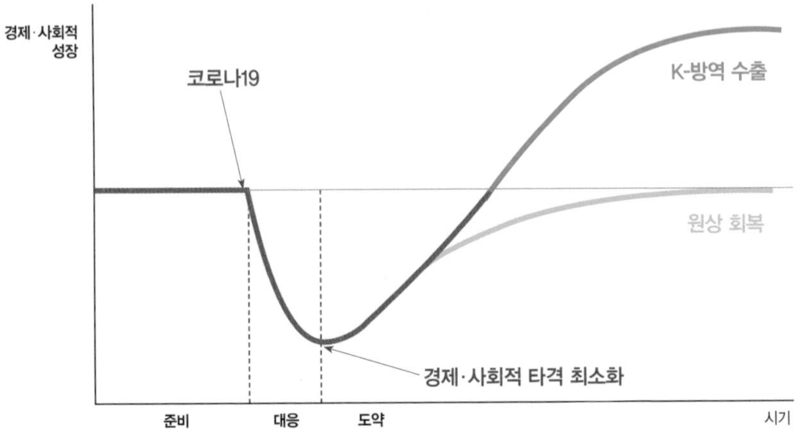

미국의 폭스뉴스는 "한국은 세계의 표준이자 최고의 기준Gold Standard"이라고 소개하기도 했다.

전 세계는 코로나19 사태 초기에 한국을 가장 성공적으로 위기상황을 관리한 국가로 인정하며, K-방역을 벤치마킹하게 된다. 2020년 1분기 코로나19의 여파로 인해 전 세계적으로 경기침체가 극심했으며, 경기둔화로 인한 석유 수요 감소로 인해 국제유가는 폭락했고, 글로벌 밸류체인이 손상되는 등 대외 경제여건이 크게 악화되었음에도, 한국보건산업진흥원의 발표에 따르면 국내 보건산업 수출은 1분기 총 44억 달러로 전년 동기 대비 22.5% 늘어났으며, 의약품은 17억 달러+45.0%, 화장품은 18억 달러+16.3%, 의료기기는 9억 달러+4.4% 순으로[06] 큰 폭

06 한국보건산업진흥원(2020.4.16.), '국내 바이오헬스 수출 견조한 성장세'.

으로 증가하면서 위기 속에서 새로운 도약을 이루었다.

소·부·장의 위기와 도약

일본의 수출규제와 위기

2018년 한국 대법원의 일제 강제징용 배상 판결은 양국 간 외교적·정치적 갈등을 불러일으켰고, 법원의 일본제철옛 신일철주금 자산 강제 환수 결정과 함께 양국의 갈등은 더욱 깊어졌다. 그리고 2019년 7월 일본의 경제산업성은 한국의 반도체와 디스플레이에 사용되는 소재에 대한 수출제한을 발표했고, 양국은 본격적인 무역분쟁에 돌입하게 된다.

일본은 반도체와 디스플레이 핵심 소재인 고순도 불화수소, 폴리이미드, 극자외선EUV용 포토레지스트의 한국 수출을 포괄수출 허가에서 개별 허가로 제한한다. 전문가들은 이러한 일본의 수출제한 조치가 반도체와 디스플레이를 중심으로 한 국내 주요 기업들에게 막대한 피해를 줄 것으로 예상했다. 대한상공회의소가 2019년 당시 일본 기업과 거래관계가 있는 국내 기업 500개사를 대상으로 조사한 결과, 수출규제가 장기화될 경우 응답기업의 55.0%가 피해를 입을 것으로 예상했으며, 피해가 없을 것이라는 응답은 45.0%에 머물렀다.[07]

07 대한상공회의소(2019.9.4.), '일본 수출규제에 따른 산업계 영향과 대응과제 조사'.

일본의 수출규제 3개 품목 자료: 산업통상자원부, 『소재·부품·장비 경쟁력 강화 지난 1년의 기록』, 2020.

	고순도 불화수소	EUV용 포토레지스트	폴리이미드
사용처	반도체 제작과정 중 식각 공정, 클리닝 공정에 사용	반도체 웨이퍼에 회로 패턴을 그리는 데 사용, 미세하게 그릴 수 있는 제품일수록 기술력이 높음	플렉시블 디스플레이 기판 제작에 사용
국내 생산	SK머트리얼즈, 솔브레인 (공장 신설과 증설을 통해 생산 확대)	듀폰 (설비 투자 및 테스트 진행 중)	코오롱인더스트리, SKC (양산 및 제품 테스트 중)
수입처 다변화	중국, 대만	유럽	–

적극적, 탄력적 대응

국내 기업들은 오히려 일본의 수출제한 조치에 대해 좀 더 적극적으로 대응하기 시작했다. 국내 기업이 커버하지 못하는 부분들은 수입처를 새롭게 발굴했고, 나아가 국내의 생산시설에 대한 투자까지 진행했다. 정부도 자체 기술 확보 및 기술개발이 실제 생산으로 연계될 수 있도록 추경자금 지원, 수요 대기업이 참여하는 기술개발 지원, 신기술 확보를 위한 예타 예비타당성 조사 면제, 복수형·경쟁형 기술개발 방식 도입, 소재·부품·장비 분야 대규모 투자펀드 조성 등을 통해 민관이 합동하여 위기에 좀 더 적극적으로 대응했다.

수출규제 대상이었던 고순도 불화수소는 국내 업체가 기존보다 월등히 많은 생산을 할 수 있는 공장을 신·증설했고, 중국과 대만 등의 제품에 대한 시험을 신속히 진행하여 일부 제품을 투입했다. 또한 레지스

6대 분야 100대 핵심 전략 품목 자료: 산업통상자원부, 『소재·부품·장비 경쟁력 강화 지난 1년의 기록』, 2020.

	반도체	디스플레이	자동차
핵심 품목	13개 (단기 5개 + 장기 8개)	11개 (단기 2개 + 장기 9개)	13개 (단기 5개 + 장기 8개)
주요 사례	불화수소, 포토레지스트 등 핵심 소재, 제조장비 및 부품	공정용 화학 소재, 정밀 결합 소재	센서 등 자동차 부품, 경량 소재 (차체, 부품)

	전기·전자	기계·금속	기초 화학
핵심 품목	19개 (단기 3개 + 장기 16개)	39개 (단기 5개 + 장기 34개)	5개 (장기 5개)
주요 사례	배터리 핵심 소재, 광학 렌즈, 신소재 전자 부품	금속 가공 장비, 초정밀 합금, 금속 제조용 분말	불화계 화학 소재, 고정밀 집착 소재

트는 수입 다변화와 해외 기업으로부터 생산시설의 국내 투자를 유치함으로써 공급 다각화의 기반을 확보했다. 폴리이미드도 국내 기업에서 자체 기술을 확보하고 수출까지 이루어졌다. 즉, 수출규제 3대 품목에 대해서 위기에 더욱 적극적으로 대응하여 실질적 공급 안정화를 달성했다.[08]

08 연합뉴스(2020.5.13.), '위기를 기회로, 일본 수출규제 뒤 소부장 경쟁력 강화'.

또한 8월에는 기술수준, 국가 안보적·산업적 중요성, 해외 의존도, 대체 가능성 등 5개 요소를 기준으로 하여 6대 분야 100대 핵심 전략품목을 선정했다. 특히 100대 핵심 품목은 재고량을 주기적으로 확인하고 재고 보유 수준을 대폭 늘렸으며, 13건의 인수합병과 대규모 투자를 통해 50여 개에 달하는 품목의 국내 생산을 확충하기도 했다.

소·부·장 위기와 탄력성장

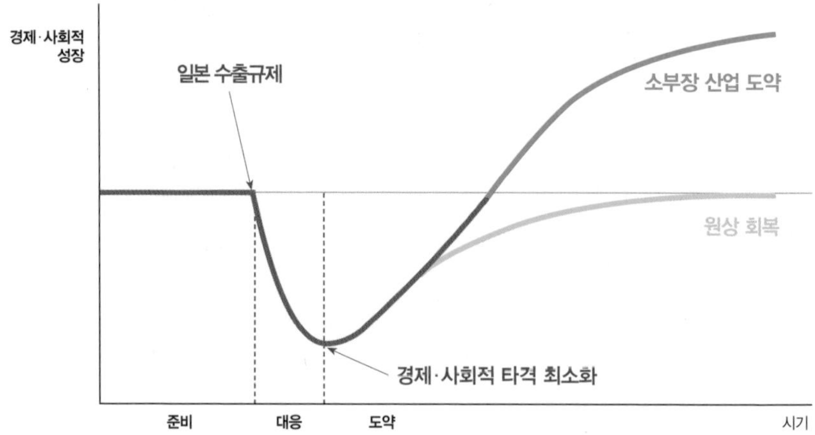

소부장 경쟁력을 강화하기 위해 일관되고 지속적인 대책을 실행하기 위한 강력한 추진체계도 마련했다. 소부장 경쟁력 강화를 위한 대책이 안정적으로 추진될 수 있도록 '소부장 경쟁력위원회'를 신설하고, 안정적인 투자재원을 확보하기 위해 특별회계도 마련했을 뿐만 아니라 법·제도적 뒷받침을 위해 소부장 특별법을 개편했다.

새로운 도약

결국 일본의 소부장 수출규제의 위기로 인해서 오히려 국내 산업이 소부장 자체 기술역량을 높이고 핵심기술을 내재화하여, 장기적으로 국내 주요 산업의 글로벌 경쟁력을 높이는 기회가 되었고, 수입 다변화, 국내 생산 추진, 해외 인수합병을 통한 신기술 확보 등을 통해서 중장기적인 수급 안정성도 확보하게 되었다.

일본의 수출규제 강화 1년 후 한국의 소부장 경쟁력 변화

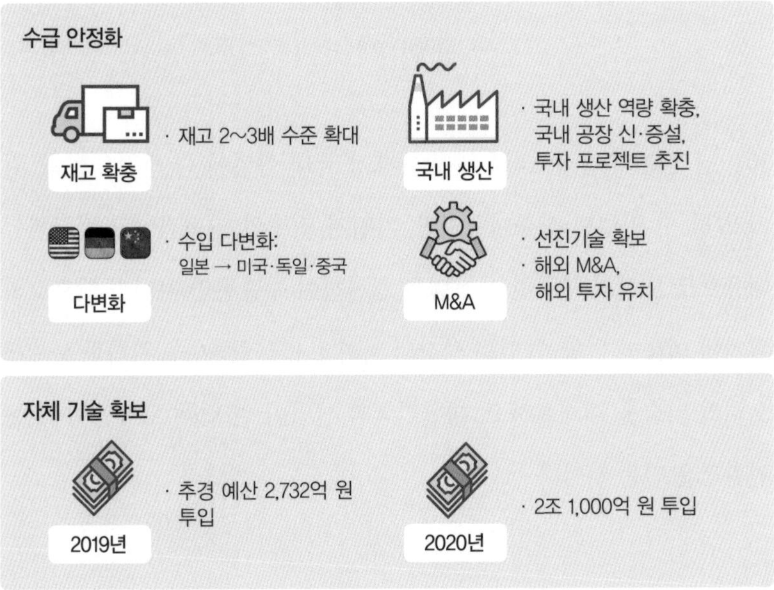

자료: 산업통상자원부, 『소재·부품·장비 경쟁력 강화 지난 1년의 기록』, 2020.

2020년 5월 13일에 열린 제4차 소재·부품·장비 경쟁력강화위원회에서는 일본 수출규제의 대상이 되었던 소재·부품·장비 분야의 수출규제 3

대 품목에 대한 공급 안정화에 성공적인 진전이 있었다는 평가가 나왔다.

일본의 수출규제 강화 이후 일본과의 교역 동향

기준: 전년 동기 대비

구분	2019년 7월	8월	9월	10월	2019년 7~10월
수출(한→일)	25억 4,200만 달러 (-0.0%)	22억 4,900만 달러 (-6.7%)	23억 2,100만 달러 (-6.0%)	23억 8,400만 달러 (-13.8%)	94억 9,600만 달러 (-6.8%)
수입(일→한)	42억 200만 달러 (-8.4%)	38억 8,600만 달러 (-8.2%)	38억 2,100만 달러 (-8.6%)	38억 900만 달러 (-23.4%)	157억 1,800만 달러 (-12.5%)

자료: 산업통상자원부, 『소재·부품·장비 경쟁력 강화 지난 1년의 기록』, 2020.

2019년 일본의 갑작스러운 수출규제가 국내 산업에 큰 타격을 주는 위기가 될 수 있었던 상황이었지만, 기업과 정부의 탄력적이고 적극적인 대응으로 오히려 부족한 시스템을 개선하여 수출뿐만 아니라 앞으로의 위기에 대응까지 할 수 있는 성장의 기회로 만들었다. 즉, 위기를 통해서 오히려 기술을 내재화하고, 대한민국의 산업이 한 단계 도약할 수 있는 전환점을 만든 것이다.

2

탄력성장 (Resilient Growth)

탄력성장이란 무엇인가?

메르스와 코로나19 등 감염병에 대한 한국의 대응 변화, 일본의 수출규제 위기에 대응한 소부장 기술의 내재화는 위기상황에서 '원상 회복'이라는 소극적인 대응을 넘어서, '시스템의 혁신과 재구성'이라는 적극적인 대응이 사회·경제 전체에 얼마나 큰 성과를 가져오는지를 극명하게 보여주었다. 즉, 블랙타이드와 같은 위기상황에서 새로운 성장 모멘텀의 확보를 위해 적극적으로 시스템을 재구성하면서, 위기에서의 회복을 넘어서 오히려 성장을 이룬 것이다.

이 책에서는 이를 '탄력성장Resilient Growth'이라고 정의한다. 즉, 위기상황에서 원상 회복을 위한 소극적이고 수동적인 의미의 회복이 아닌, 위기를 오히려 변화와 혁신의 기회로 만들어 새롭게 도약하는 개념으로서 '탄력성장'을 새로이 제시한다. '탄력성장' 관점에서 위기는 새로운 성장의 모멘텀을 만들 수 있는 중요한 기회이며, 위기를 적극 활용하여 블랙타이드에 대응할 수 있는 역량을 미리 갖추는 것이 중요하다.

탄력성장의 세 가지 역량

탄력성장은 크게 세 가지 역량으로 구성된다.

첫째, 준비 역량. 블랙타이드가 특정 시스템건축물, 기계장비, 조직, 지역사회, 국가 등에 가해질 때를 대비하여 예측 및 준비를 함으로써 충격을 완화할 수 있는 역량이다.

둘째, 대응 역량. 충격에 적극적으로 대응할 수 있는 역량이다.[09]

셋째, 도약 역량. 블랙타이드와 같은 위기상황에서 오히려 시스템을 혁신하여 이전보다 더욱 높은 성과를 이루는 역량이다.

탄력성장을 이루기 위해서는 우선 블랙타이드의 충격 이후에 시스템의 회복시간과 피해비용을 최소화하는 것이 필요하다.

09 Presidential Policy Directive 21(PPD-21) / Francis, Royce, and Behailu Bekera. "A metric and frameworks for resilience analysis of engineered and infrastructure systems." Reliability Engineering & System Safety 121 (2014): 90-103. / Haimes, Yacov Y. "On the definition of resilience in systems." *Risk Analysis: An International Journal* 29.4 (2009): 498-501.

회복시간 최소화 전략

다음 그림이 나타내는 바와 같이, 블랙타이드에 대비한 준비는 외부충격으로 인해 발생하는 비용을 최소화할 수 있다. 즉, 피해를 나타내는 그래프의 깊이와 폭은 위기 이전에 어떻게 준비하느냐, 그리고 위기 시 어떻게 대응하느냐에 따라 결정된다.

블랙타이드와 탄력성장

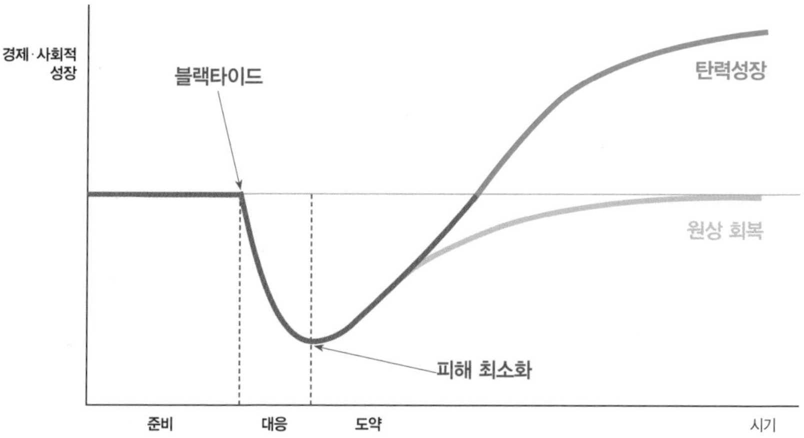

또한 블랙타이드와 같은 외부충격의 피해를 최소화하기 위해서는 우선 시스템의 강인성과 대응력에 기반한 대응 역량이 필요하다.

시스템의 대응 역량은 블랙타이드의 충격에도 하위 세부 시스템들이 그 역할을 지속할 수 있는 정도와 함께, 붕괴되더라도 대체될 수 있는 역량이다. 기본적으로 갖추어야 할 이러한 준비 및 대응 역량과 더불어, 블랙타이드가 오기 전에 외부환경 변화에 따른 시스템의 취약성과 한계점을 선제적으로 파악하는 것도 탄력성장에 필요한 적극적인 대응 요소이다.

일반적으로는 블랙타이드와 같은 충격이 왔을 때, 위기로 인한 두려움과 어려움으로 시스템의 회복에 중점을 두고 대응하게 된다. 위기를 오로지 극복할 대상으로만 생각하는 것이다. 그러나 탄력성장의 관점에서 본다면, 블랙타이드와 같은 외부충격에 의한 사회·경제 시스템의 피해는 오히려 시스템의 취약점을 파악할 기회이다. 또한 그동안 굳어진, 효율적이지 않은 부분을 포함하여 시스템을 재구성하고 업그레이드할 중요한 계기가 되는 것이다. 탄력성장의 관점에서 위기는 곧 성장을 위한 새로운 기회이다.

그렇다. 우리는 위기에 대한 관점을 바꾸어야 한다. 탄력성장의 관점으로 위기를 바라본다면, 블랙타이드는 기존에 해오던 방식과 하위 시스템들을 바꾸거나 혁신할 대전환의 절호의 기회인 것이다.

잠깐

기존 탄력성 개념과 탄력성장

기존의 탄력성Resilience 개념들은 외부의 충격에 대해서 피해를 최소화하고, 빠른 회복을 이루는 것까지를 탄력성이라고 정의하고 있다. 반면 이 책에서 제시하는 탄력성장은 회복을 넘어서 도약을 이루는 것까지 포함하는 좀 더 적극적인 개념이다.

엔지니어 인프라 시스템 관점[05]

탄력성은 특정 시스템건축물, 기계장비, 조직, 지역사회, 국가 등이 외부에서 가해지는 충격에 대해서 사전에 예측 및 준비할 수 있는 역량과 함께, 충격에 저항하거나 대응 또는 이를 흡수하거나, 충격에 의한 변화에 적응하여 피해를 최소화하고 빠르게 회복할 수 있는 역량이다.

시스템 관점[06]

탄력성은 수용 가능한 피해 범위 안에서 붕괴를 견딜 수 있고 납득할 수 있는 시간과 비용, 위험 범위 내에서 회복할 수 있는 시스템의 능력이다.

위험 대응 관점[07]

탄력성은 변화와 불확실성에 맞춰 적응하기 위해서 어떻게 시스템이 지속적인 정보의 변화, 관계의 변화, 목표의 변화, 위험의 변화에 적응할 수 있을지를 검토하는 능력이다.

에너지 시스템 관점[08]

탄력성은 파열을 견딜 수 있는 에너지 시스템의 역량이고 충분한 에너지 서비스를 소비자에게 지속적으로 전달할 수 있는 역량이다. 탄력적 에너지 시스템은 빠르게 위기로부터 회복할 수 있고 외부상황의 변화가 일어난다고 할지라도 에너지 서비스 수요를 만족시킬 수 있는 대안을 제공할 수 있다.

기존 탄력성 개념과 탄력성장

탄력성
(피해 최소화, 빠른 회복)

- 엔지니어 인프라 시스템 관점
- 시스템 관점
- 위험 대응 관점
- 에너지 시스템 관점

기존 개념

탄력성장
(회복을 넘어 도약까지,
더 적극적인 탄력성 개념)

새로운 개념

05. McDaniels, T. et al(2008). Francis, R., & Bekera, B.(2014).
06. Haimes, Y. Y.(2009).
07. Linkov, I., & Palma-Oliveira, J. M.(2017).
08. Chaudry, M. et al.(2011).

3

탄력성장을 위한 단계별 역량

탄력성장을 이루기 위해서는 다음과 같은 역량을 갖추는 것이 필요하다. 첫째, 예측 가능한 블랙타이드를 대비하는 준비 역량, 둘째, 예측 못한 상황에도 신속하게 대응할 수 있는 대응 역량, 셋째, 블랙타이드라는 위기를 오히려 기회로 삼아 시스템을 재구성하고 업그레이드하여 탄력성장을 이룰 수 있는 도약 역량이 바로 그것이다. 이러한 단계별 성장 탄력성의 역량을 갖추기 위해서는 그 시스템의 조직·전략·실행·협력이라는 구성요소 차원에서의 준비와 역량이 갖추어져 있어야 하며, 이들 요소의 유기적인 연계와 운영을 민첩하게 추진할 수 있는 강인하고 민첩한 '탄력적 거버넌스Resilient Governance'가 요구된다.

준비 역량

우선 준비 역량Prepare Capability은 외부충격, 즉 재난으로 인해서 시스템이 손상을 받기 전에 평상시 시스템의 완전성과 강인성을 높이고, 외부환경 변화에 대해 선제적으로 준비하고 대응해나가는 역량을 의미한다. 이러한 역량은 평상시 시스템을 안정적으로 운영하거나 유지하기 위한 역량과는 구분된다.

시스템의 안정적인 운영과 유지 관점의 역량과 달리, 탄력성장 관점에서는 '미래 환경변화나 위기상황에 대한 선제적 대응 관점의 준비'라는 전략적인 방향과 실질적 활동이 포함되어 있다. 이는 다른 시스템들과의 경쟁에서 우위를 차지하기 위한 전략적 활동 등과도 다른 개념

탄력성장을 위한 3가지 필요 역량

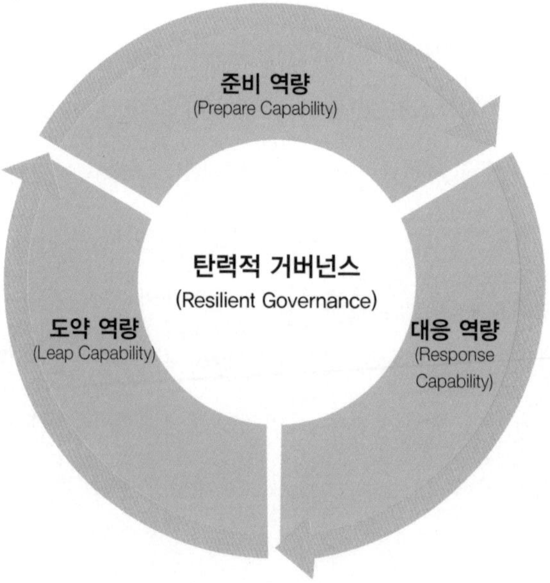

이다. 예를 들어 한국이 글로벌 가치사슬Global Value Chain에서 좀 더 높은 부가가치의 위치를 차지하기 위한 노력은 혁신 역량이다. 즉, 기술 혁신에 대한 전략적 투자나 산업구조의 개선과 관련된 혁신 역량은 '준비 역량'과는 다르다. 한·일 무역전쟁이나 미·중 무역전쟁과 같이 글로벌 가치사슬이 해체 및 재구성되는 변화와 이로 인한 위기에 준비하고 대응하는 역량, 소부장과 같은 외부 의존성이 높은 핵심 산업에 대한 적극적인 투자를 늘려서 선제적인 준비와 대응을 할 수 있는 역량을 의미한다.

즉, 환경변화로 인한 시스템에 대한 도전과 위기가 가시적이지 않고, 발생할 확률이 낮거나 장기적이더라도, 사전에 이에 대한 적극적인 탐색과 고찰, 준비와 대응을 통해서 재난과 위기에 대한 선제적 대응력을 높이는 것이 바로 '준비 역량'이다.

준비 역량을 위해 필요한 것

준비 역량이 잘 갖추어진 시스템은 블랙타이드가 왔을 때, 이를 오히려 기회로 활용하여 탄력성장을 할 수 있다. 이러한 역량을 갖추기 위해서는 다음과 같은 것이 필요하다.

첫째, 환경변화와 함께 발생할 수 있는 재난에 대한 항시적이고 체계적인 고찰, 모니터링, 분석 등 적극적인 '예측'이 필요하다.

둘째, 발생할 수 있는 도전과 재난에 대비해 취약한 하위 시스템 및 전체 시스템의 구조·시스템들 간의 상호 연계성 등을 충분히 개선하여, 도전과 재난에 대해 시스템의 총체적인 강인성과 대응력을 높이는 '준비'가 필요하다.

블랙타이드로 인한 외부충격은 발생 확률이 낮다. 그래서 예측이 쉽지 않을 수 있기 때문에 확률적 관점에서 외부충격을 정의하고, 이에 기반해서 시스템의 취약성과 개선방안을 평가해야 한다.

시스템 자체와 외부충격에 대한 깊이 있는 이해가 필수적이며, 다양한 외부환경변화에 대한 적극적인 고찰, 실시간 정보 파악과 전문적인 분석 역량이 중요하다. 그러므로 외부충격의 범위와 확률에 따라서 다양한 분야의 전문가 참여와 빅데이터, 인공지능 등 새로운 방법론의 적극적인 활용을 바탕으로 시스템의 예측 역량을 키워나가야 한다.

또한 예측의 방향성과 예측 요소들은 시스템의 요소 및 정체성과 긴밀하게 관련이 있기 때문에 예측은 시스템 자체에 대한 상시적인 모니터링도 포함하는 것이 바람직하다.

잠깐

블루닷, 인공지능으로 바이러스를 예측하다

2003년 사스 사태로 캐나다 토론토에서만 44명이 사망하고, 약 20억 달러의 손실이 발생했다. 의사였던 캄란 칸은 이를 계기로 2013년 전염병 인공지능 서비스를 제공하는 블루닷을 창업했고, "정부가 신속하고 투명하게 정보를 공개하지 않기 때문에 시스템을 개발했다."고 밝혔다.

블루닷은 2014년 에볼라 바이러스 사태, 2016년 지카 바이러스 사태를 예측했다. 이번 코로나19의 경우에도 세계보건기구나 미국 질병통제예방센터보다 이른 2019년 12월 31일에 집단 감염을 예측했다. AI 기술을 통해 연관 키워드와 우한발 항공편 탑승 정보 등의 데이터를 분석하여 방콕, 홍콩, 일본 등으로의 확산을 정확하게 예측한 것이다.

자료: 정보통신산업진흥원(2020), 〈와이어드〉(2020.1.25.).

대응 역량

블랙타이드와 같은 외부충격이 왔을 때, 예상했든 예상하지 못했든 그 충격에 얼마나 신속하게 대응하여 계속적으로 시스템의 목적에 맞게 운영할 수 있는가가 '대응 역량Response Capability'이다. 대응 역량에서 중요한 요인은 다음의 네 가지이다.

첫째, 충격 초기에 신속하고 정확하게 시스템의 손상이나 피해를 종합적으로 파악하고 진단할 수 있는 '파악 및 진단'이다.

둘째, 외부충격의 원인과 적절한 대응방안을 신속하게 도출할 수 있는 '분석'이다.

셋째, 손상되지 않은 타 하위 시스템들에 대해서 새로운 보완적·유기적인 기능과 상호 연계성의 재설정을 포함한 시스템의 새로운 통합 운영과 혁신을 추진할 수 있는 거버넌스의 신속한 재설정 역량인 '통합적 관리'이다.

넷째, 시스템이 손상된 상황에서도 전체 시스템의 성능과 성과를 적절한 수준에서 유지할 수 있는 '흡수 및 적응'이다.

이러한 요소들의 총체적 합을 시스템의 '대응 역량'이라고 볼 수 있다.

파악 및 진단

시스템의 손상이나 피해를 종합적으로 파악·진단할 수 있는 '파악 및 진단 역량'에서는 재난 등의 피해에 대한 신속한 파악과 이에 대한 정보전달 체계가 중요하다. 재난으로 인해 시스템의 다양한 부분에서 일어나는 피해를 고려했을 때, 다양한 채널의 정보전달 체계 수립이 필요하다. 이는 여러 각도에서 시스템의 피해를 파악하고 정확한 피해 범위와 규모를 진단하기 위해서도 필요하다.

분석

외부충격의 원인과 적절한 대응방안을 신속하게 도출할 수 있는 '분석 역량'을 키우기 위해서는 사고·자연재해·보건위기 등 다양한 형태의 재난을 고려해야 한다. 그러므로 다양한 분야에 대한 과학기술적 지식, 전문가에 대한 데이터베이스 및 관련 전문가들의 신속한 협력과 대응을 확보하고 지원할 수 있는 체계적인 시스템이 중요하다. 예를 들어 코로나19로 인한 재난이 발생한 2020년 초에 과학기술단체총연합회를 중심으로 보건 및 의료 분야 전문가들이 신속하게 원인을 파악하고 시민들의 대응방안에 대한 가이드라인을 제시했다. 실시간으로 이루어진 정보의 공유는 코로나19로 인한 불필요한 사회적 혼란과 이로 인한 피해를 줄였다고 볼 수 있다. 이러한 과학기술 분야의 적극적인 대응이 점차 더 중요해지고 있다.

통합적 관리

시스템 내부의 기능과 상호 연계성의 재설정을 포함한 '통합적 관리 역량'은 블랙타이드에 대응하기 위해서 적절한 전담기구 또는 조직이 이에 대한 대응을 총괄적으로 추진할 수 있는가 하는 역량을 의미한다. 다만, 수동적 회복을 중심로 하는 정부의 중앙재난안전대책본부와는 그 목적, 역할의 범위와 규모가 다르다.

탄력성장 관점에서 요구되는 '통합적 관리기구'는 회복 중심의 대응·복구뿐만 아니라, 시스템의 개선 및 재구성을 통한 시스템 전체의 업그레이드를 동시에 고려하면서 시스템의 대전환을 추진할 수 있어야 한다. 그렇기에 기존의 중앙재난안전대책본부보다 훨씬 광범위하고 총체적인 역량이 요구된다. 즉, 재난과 도전에 적극적으로 대응하고 극복하며, 이를 통해서 시스템을 개선하고 업그레이드하고자 하는 적극적 변화의 역량을 고려한 통합관리 운영 기구가 필요한 것이다.

도약 역량

도약 역량Leap Capability은 블랙타이드로 인해 시스템이 피해를 보았을 때, 외부충격으로 인한 시스템의 취약성을 보완하고 재구성하여 업그레이드함으로써 시스템의 생산성과 성과를 획기적으로 높여 도약 성장의 발판을 만드는 역량이다. 특히 블랙타이드로 취약한 시스템이 붕괴되거나 손상되고, 이로 인한 변화의 비용 또는 레거시 비용이 낮아진 '기회'를 적극 활용하는 것이 중요하다. 기존 비효율적인 시스템의 구조를 바꾸고, 하위 시스템들을 업그레이드하는 등 시스템을 광범위하게 재구성하고, 개선 및 보완할 수 있는 역량이다.

일반적으로 시스템은 효율적이었건 비효율적이었건 간에, 오랫동안 운영 및 관리되어오면서 수립해온 규칙, 프로세스, 방식들이 있다. 또한 전체적인 시스템이 오랜 시간을 두고 발전되어온 경우에는 하위 세부 시스템별로 도입 또는 수립된 시기가 달라서 전체 시스템에 기여하는 효율성의 정도가 세부 시스템별로 다를 수 있다.

예를 들어 최근 코로나19의 확산에 대응하기 위한 미국 정부의 조치로 인해 실업자가 급증하고, 실업수당 신청 건수가 폭발적으로 늘어났다. 뉴저지주의 경우에도 실업수당 신청 건수가 급증하여 이를 처리하기 위해 전산 시스템을 유지·보수해야 했는데, 주정부의 전산 시스템이 1980년대 IBM에서 제작한 메인프레임을 기반으로 만들어진 데다가 구동 프로그램 또한 60년이 넘은 코볼로 작성되어 있어 이를 다룰 줄 아는 개발자를 찾는 데 어려움을 겪고 있다고 한다. 메인프레임 컴퓨터를 기반으로 하는 금융·정부·회사 시스템에 코볼이 광범위하게 사용되면서 시스템이 점차 거대화되었고, 코볼이라는 레거시 시스템을 바꾸는 데 필요한 비용이 너무 크자 교체하지 않고 그대로 오랫동안 사용한 것이다. 이와 같이 오래된 레거시 시스템은 평상시에 바꾸기가 매우 어렵다. 시스템을 바꾸는 데 비용이 매우 크기 때문에 낙후된 시스템에도 불구하고 계속 사용하게 된다.

그런데 블랙타이드로 인해 이러한 시스템 전체 또는 하위 세부 시스템이 일부 붕괴되거나 손상 또는 변형이 되는 경우에는 오히려 시스템을 변경하거나 재구성할 수 있는 동기와 새로운 기회가 주어지게 된다. 즉, 위기를 기회로 만들 수 있는 중요한 모멘텀이 주어진다. '도약

블랙타이드와 시스템 대전환

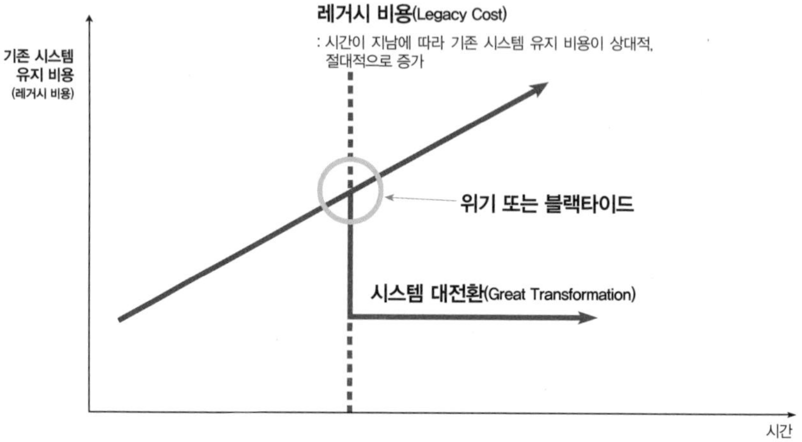

역량'은 바로 이와 같이 시스템에 가해지는 외부충격인 블랙타이드가 주는 레거시 비용의 감소와 업그레이드의 기회를 적극적으로 활용하여 시스템을 획기적으로 도약시킬 수 있는 역량을 말한다.

물론 블랙타이드에 의해 시스템에 부분적으로 또는 총체적으로 피해가 생김으로써 시스템 복구비용이 발생하겠지만, 블랙타이드로 인한 레거시 비용의 감소는 시스템의 업그레이드 기회를 제공함으로써 미래 편익을 증가시킬 수 있다. 결국 블랙타이드가 시스템에 가져오는 총체적인 비용 편익 면에서는 오히려 편익을 증가시킬 수 있는 것이다. 탄력성장은 바로 이 기회를 적극 활용하여 시스템을 역으로 재구성 및 업그레이드하고, 미래의 도약적 성과를 이루는 것이다.

또한 시스템은 대개 다양한 하위 세부 시스템이 각기 다른 시간적 간격을 두고 오랜 시간에 걸쳐 순차적으로 구성되는 경우가 많다. 따라서 시스템은 변화하는 외부환경과 예상치 못한 외부충격에 의해 점차 취약해지게 된다. 또한 새로운 시스템이 계속 개발되는 상황에서는 기존 시스템의 구성과 역량이 상대적으로 퇴보하거나, 시스템 자체의 운영 역량이 자연스럽게 퇴보하기도 한다. 즉, 이미 굳어진 시스템의 구성과 운영체계는 변화된 환경과 상황에서 요구되는 성능과 성과를 이루지 못함에도 불구하고, 시스템의 개선과 혁신의 비용이 높아져 기존의 운영방식을 그대로 유지하게 되어 레거시 비용이 증가하게 된다. 이 경우도 마찬가지로, 외부충격으로 인한 시스템의 손상과 피해는 레거시 비용을 급격히 낮추고 시스템을 개선하거나 업그레이드할 중요한 기회를 제공한다.

잠깐

존슨앤존슨, 타이레놀 사망 사건을 혁신의 기회로 삼다

1982년 9월, 타이레놀을 복용한 사람 중 8명이 사망하는 사고가 발생했다. 진통제로 유명한 타이레놀은 당시 미국 내 시장점유율이 35%가 넘는 수준이었다. 이 사건으로 미국 전역은 불안과 공포에 휩싸였으며, 사건 발생 1주일 후 타이레놀의 시장점유율은 35.4%에서 7%로 급락하고, 주가 역시 폭락했다. 타이레놀의 제조·판매사인 존슨앤존슨이 사상 최대의 심각한 위기상황을 맞이하게 된 것이다.

조사 결과, 타이레놀은 정제형과 캡슐형 두 가지 형태로 판매되고 있었는데, 소매 단계에서 누군가 의도적으로 캡슐형 타이레놀 일부에 독극물인 청산가리를 몰래 투입해 발생한 사건으로 밝혀졌다.

존슨앤존슨은 단지 사실을 밝히는 것에 그치지 않고 이 위기를 더 적극적으로 활용했다. 제품의 구조와 구성을 혁신하여 이물질을 투입할 수 없는 세 겹으로 단단히 포장된 새로운 형태의 캡슐약을 개발했고, 시장점유율은 1년 만에 35%로 회복되었다. 무엇보다 의미 있는 결과는 이 사건을 계기로 '존슨앤존슨'이라는 이름 자체가 곧 윤리적이고 모범적인 기업을 뜻하는 대명사가 되었다는 점이다.

자료: https://terms.naver.com/entry.nhn?docId=3390396&cid=42251&categoryId=58355
http://www.asiae.co.kr/news/view.htm?idxno=2008061609232279008

이러한 관점에서 탄력성장의 가장 중요한 요소인 '도약 역량'은 외부충격으로 인한 시스템의 교란과 손상을 적극적으로 활용하는 역량이다. 즉, 위기와 재난을 회복 관점에서 보는 것이 아니라, 시스템의 재구성과 도약의 관점에서 오히려 적극적으로 받아들이고, 시스템을 더 능동적으로 개선하고 혁신의 관점에서 대응하는 역량을 의미한다. 다시 말해, '도약 역량'은 미래지향적인 관점에서 체계적인 대응과 혁신의 역량인 것이다. 또한 기존에 접근해온 회복 관점의 위기관리와 차별화되는 요소이며, 이 책에서 제시하는 가장 중요한 개념이라고 할 수 있다.

도약 역량에서 중요한 4가지

도약 역량에서 중요한 것은 다음의 네 가지이다.

첫째, 외부충격의 영향을 받은 시스템의 취약점을 회복이 아닌 재구성 또는 혁신하겠다는 생각으로 적극적인 변화의 방향을 설정하는 것이다.

둘째, 기존 시스템에서 변화가 필요한, 즉 취약하거나 또는 낡은 시스템 요소에 대한 상시적인 진단과 파악이 중요하다.

셋째, 미래지향적이고 혁신적으로 시스템을 재구성하기 위해 요구되는 시간과 자원 등의 효율적인 투입과 활용을 위한 체계적인 대전환 전략을 수립해야 한다.

넷째, 시스템에 참여하는 다양한 이해관계자들을 설득하고 협력하여 회복을 넘어서 시스템의 재구성과 혁신을 위한 활동에 다양한 협력을 이끌어내야 한다.

특히 시스템의 재구성과 이해관계자들의 협력을 이끌어내는 데에는 외부충격이 없는 평상시보다 외부충격으로 인해서 시스템이 영향을 받았을 때에 훨씬 적은 비용과 노력이 들므로, 위기상황을 적극적으로 활용하는 것이 중요하다. 탄력성장에서 이야기하는 블랙타이드는 재난과 같이 시스템 전체에 막대한 영향을 준다. 시스템을 구성하는 한 부분만이 아니라 시스템 전체에 영향을 주기 때문에 다양한 이해관계자들 간에 시스템 개선과 업그레이드를 위한 협력을 이끌어낼 수 있는 중요한 기회를 제공한다.

'도약 역량'은 위기와 재난을 도약적 성장과 경쟁력 확보의 중요한 기회로 만드는 역량이다. 준비된 자에게 위기(블랙타이드)는 기회(서핑)이다!

이러한 관점에서 외부충격 전, 진행 중, 또는 사후에도 다양한 관점의 이해관계자와 공고한 협력을 상시적으로 구축하고, 성장 탄력적 방향성과 전략에 대한 공유와 공감대를 구축하는 것이 바람식하다. 이것이 결과적으로 탄력성장의 역량을 결정하는 중요한 부분이라 볼 수 있다. 즉, '도약 역량'은 위기와 재난을 도약적 성장과 경쟁력 확보의 중요한 기회로 만드는 역량이다. 준비된 자에게 위기 블랙타이드 는 기회 서핑 이다!

잠깐

후지필름, 본업 소멸 위기를 극복하다

2000년, 후지필름은 모든 면에서 절정을 달리고 있었다. 주력 사업이던 사진 필름 매출은 역대 최대를 기록하고 경쟁사인 코닥마저 제쳤다.

하지만 당시 마이크로소프트의 컴퓨터 운영체제인 '윈도우 95'가 출시되는 등 개인용 컴퓨터의 기능이 크게 향상되고 있었고, 인터넷 이용자 역시 증가하기 시작한 상황이었다. 결국 얼마 안 가 디지털카메라가 필름 카메라의 자리를 대체하게 되었다. 더 이상 필름은 필요 없게 되었고, 코닥은 도산했다.

같은 시장에서 경쟁했지만, 필름에만 집중했던 코닥과 달리 후지필름은 시대의 흐름을 읽고 대비했다. 후지필름은 필름 개발과정에서 확보한 20만 개가 넘는 화학물질 등 축적된 기술을 바탕으로 헬스케어, 문서 솔루션, 이미징 솔루션 등 다른 사업에 진출하며 '본업 소멸' 위기를 극복했다. 매출도 오히려 증가하여 역사상 최고의 영업이익을 기록하고 있다.

자료: LG경제연구원(2012), 〈위클리비즈〉(2014.6.28.), 〈매경이코노미〉(2017.8.21.), 〈이코노미 조선〉(2019.11.3.).

2부

에너지와 탄력성장

에너지 분야는 블랙타이드의 가장 큰 영향을 받는 분야이며, 인류 문명발전의 기반을 제공한다. 석탄, 석유, 가스, 원자력, 재생에너지 등 새로운 에너지의 등장은 농업혁명, 산업혁명 등 인류 문명 진보의 새로운 단계를 열었다. 블랙타이드의 위기는 에너지 시스템에 대한 근본적인 문제를 확대했다. 새로운 블랙타이드의 도전에서 에너지 분야의 탄력성장을 확보할 수 있느냐 하는 것은, 다가오는 반세기 우리나라의 성장을 결정할 수 있는 중요한 어젠다이다.

3장

에너지 분야의 블랙타이드

국제 유가 폭락과 셰일업체 줄도산, 유동성 자금 확대, 세계 각국의 탄소중립 선언 등 전방위적 변화가 일어나고 있다. 에너지 시장의 지각변동이라 불러도 좋을 만큼 수요와 공급, 시스템 모든 면에서의 필연적 변화가 예상된다. 이러한 변화는 현재 진행형이며, 예측하지 못하는 위기 또한 그만큼 발생할 것이다. 에너지 안정이 국가 안보와도 직결되는 시대, 우리가 헤쳐가야 할 블랙타이드와 도약의 기회를 살펴본다.

1

세계 에너지 시장의 변화와 위기

에너지 수급의 변동성 확대와 블랙타이드

지난 2020년 10월 발표된 국제에너지기구IEA의 '2020 세계 에너지 전망World Energy Outlook'에 따르면, 코로나19 확산으로 인한 경기침체로 세계 에너지 수요는 전년 대비 5% 감소할 전망이다.

중장기적으로 세계 에너지 수요는 현 정책 유지, 회복 지연, 지속가능 발전, 2050년 넷제로Net-zero 시나리오로 구분할 수 있다. 현 정책 유지 시나리오 관점에서 2023년에 세계 에너지 수요가 코로나19 이전으로 회복한다면, 세계 에너지 수요 연간 성장률2019~2030년이 4%에 물 것이라고 한다. 그리고 석탄발전 수요는 코로나19 이전 수준을 회복하지 못할 전망이며, 2040년 석탄 화력의 발전 믹스[01]는 당초 37%에서 22.4%로 하락할 전망이다.

석유는 2030년 이후 수요가 정체될 것으로 예상되며, 석유수출국기구OPEC 회원국의 생산비중은 확대되는 반면 미국은 정체, 러시아는 축소될 것이다. 천연가스의 세계 수요는 인도·중국의 수요 증가에 힘입어 2040년까지 약 30% 증가할 전망이며, 미국은 최대 생산국 지위를 유지하나 비중은 다소 감소할 것으로 예상된다. 재생에너지 발전량은 2025년 이전에 석탄 발전량을 초과하고, 2030년까지 세계 전력 수요 증가분의 80%를 차지할 전망이다.

이와 같이 세계 에너지 수요 둔화로 석유·가스 가격 하락 압력이 높아지고, 관련 투자 감소로 인해 미래 시장 변동성도 증가할 것이다. 전력 부문에서 태양광이 부상하는 가운데 재생에너지 확대에 따른 전력망의 중요성과 유연성 자원ESS[02], 수소 등의 확보가 요구된다. 이러한 국제에너지기구의 세계 에너지 전망은 현재 진행형이며, 예측하지 못하는 위기가 발생할 경우 그 변동성은 더 크게 발생할 것이다.

지정학적 리스크와 새로운 타이드

지정학적 위험 또한 에너지 시장의 변동성을 확대하는 요인이다. 예를

01 다양한 에너지원을 조합하여 에너지를 생산하는 것을 의미한다.
02 Energy Storage System의 약자로 에너지 저장장치를 말한다.

들어 미국과 이란 간의 긴장 고조로 인한 유가 상승이 있다. 2019년 말 이라크의 키르쿠크 인근에서 친親이란 민병대가 감행한 로켓포 공격으로 인해 미국인 한 명이 사망한 것을 계기로 미국과 이란 간의 갈등이 고조된 바 있으며, 이러한 사태는 유가 상승으로 이어졌다. 러시아-우크라이나 간 분쟁의 경우, 이로 인해 천연가스 수송의 불안정성이 발생했고, 유럽연합EU의 대러시아 제재가 시작되면서 EU에 대한 러시아의 천연가스 수출사업은 미래가 불투명한 상황이다.

그뿐만 아니라 코로나19로 인한 에너지 수요와 시장의 변동은 글로벌 에너지 시장의 지정학적 변화를 가져오고 있다. 석유 및 가스 시장의 급격한 수요 감소를 경험하면서 OPEC 및 생산국의 위상이 약화될 것으로 보인다. 또한 공급 차원에서 과거 오일쇼크와 같이 에너지 시장의 근본적인 변화를 초래하는 대형 지정학적Mega/Macro-geopolitics 요인보다는, 지역적으로 국한되고 단기간 발생하는 소형 지정학적Mini-geopolitics 변동성이 더 중요하게 작동할 개연성이 증가하고 있다.

중동의 최대 산유국인 사우디아라비아는 미국과의 관계에서 변화의 시도 및 이란과의 대립 지속이 지정학적 위험요인을 증대시키고 있다. 풍부한 석유 매장량과 낮은 생산단가로 저유가 시대에 상대적인 지속력을 보유하고 있으나, 내부적으로 수요가 급증하고 복지예산 등 정부지출의 증가세가 두드러지게 나타나고 있다. 앞으로 내부적 경제개혁의 실행 정도 및 거버넌스의 안정성이 또 다른 변수로 등장할 가능성이 높다.

중국은 국제 에너지 시장의 공급 과잉 상태에서 에너지 수급 면에서는 큰 문제가 없을 것으로 보인다. 그러나 미·중 갈등 아래에서 경제적 모멘텀을 유지하는 것이 오히려 관건이 되었으며, 중국의 에너지 수요 증가세는 궁극적으로 국제 에너지 시장의 큰 추세를 형성하며, 새로운 타이드변화를 만들 것으로 전망된다.

국제 유가 폭락과 셰일업체 줄도산

미국은 2000년대 중반 이후 높은 국제 유가에 대응하고 세계 에너지 업계의 패권을 장악하기 위해 셰일업계를 육성해왔다. 기존 에너지원에 비해 높은 셰일가스 채굴원가는 셰일산업의 경쟁력을 낮추는 가장 큰 요인이었으나, IT의 발전과 더불어 채굴원가를 크게 낮추면서 경쟁력을 확보했고, 이를 통해 셰일가스는 차세대 에너지원으로 각광받으며 성장해왔다. 그러나 2014년 이후 국제 유가가 크게 하락하기 시작하면서 북미 셰일 기업들의 파산이 이어지는 등 셰일업계의 위험이 증가하기 시작했다. 미국의 법무법인 헤인즈앤분에 따르면, 북미 셰일 및 에너지 기업은 2017년 24개, 2018년 28개, 그리고 2019년에는 42개가 파산했다. 설상가상으로 코로나19로 인한 수요 감소는 셰일업계 전체의 공멸 위험을 높이고 있다.

또 다른 심각한 문제는 다수의 셰일 기업들이 그동안 금융기관 투자로 연명해왔는데, 셰일업계의 줄도산이 이어질 경우 투자금을 회수하지 못한 금융기관들의 파산으로 이어질 수 있다는 위기감이 고조되고 있다는 점이다. 이는 서브프라임 모기지 사태로 촉발된 2008년 글로벌 금융위기를 연상케 한다.

유동성 자금 확대와 블랙타이드

2008년 금융위기 이후 미국, 유럽, 일본 등의 주요국들은 양적완화 정책을 펼쳐왔다. 미국은 금융위기에 대응해 정책금리를 공격적으로 인하하고, GDP의 10%에 달하는 금액을 재정정책에 투여하는 등 2016년까지 총 세 번의 양적완화 정책을 단행했으며, 이를 통해 금융위기 이후인 2009년부터 2015년까지 미국의 주식시장은 큰 상승폭을 기록했다. 미국의 양적완화 이후에도 유럽과 일본 등의 국가들이 양적완화를 단행했으며, 이는 글로벌 증시를 견인해왔다. 또한 코로나19 사태에 따른 경제 충격을 극복하기 위한 각국의 재정·통화 정책은 추가적인 유동성 공급으로 이어졌다.

이러한 시장의 풍부한 유동성이 에너지 시장의 가격 변수에 영향을 미치게 된다. 상방 리스크 요인을 보면, 글로벌 유동성, 특히 달러 유동성이 풍부한 가운데 달러화의 가치 하락으로 이어질 경우, 통상 달러로 가격이 표시되는 국제 원유 가격은 반대로 상승 기조를 보일 수 있다. 또한 완화적인 재정·통화 정책이 글로벌 산업 수요를 증가시켜 에너지 가격의 상승을 유도할 수 있으며, 코로나19 사태 이후 에너지 분야의 글로벌 설비투자 감소가 에너지 공급 증가를 제약하여 가격 상승으로 연결될 수 있다.

반면에 하방 리스크 요인을 보면, 완화적 정책이 에너지 시장에서 자본투자를 증가시켜 공급을 늘릴 경우, 이는 에너지 가격의 하락을 유발할 수 있다. 양적완화는 에너지 시장에 새로운 타이드를 형성할 가능성이 큰 것이다.

에너지 전환과 계통 불안정성 증폭

세계 각국의 탄소중립 선언

코로나19는 저유가 기조를 가져온 것과는 별개로 에너지 전환을 가속화할 개연성을 가지고 있다. 유럽연합은 2019년 말 발표한 '유럽 그린딜 European Green Deal'을 코로나 위기에 따른 경제회복의 주요 축으로 활용하겠다는 계획을 밝혔고, 한국 역시 '그린 뉴딜Green New Deal' 계획을 발표했다. 재생에너지 확대와 기후변화 대응력 제고, 그리고 그린 에너지 부문의 고용창출 효과가 강조되고 있다. 실제로 코로나19가 확산되자 거의 전 세계가 격리 모드로 들어가면서 단기간에 급격히 탄소 감소와 대기질 개선이 이루어졌다. 가상현실과도 같은 상황을 경험하면서 기후변화와 저탄소 전환에 대한 정책 수용성이 향상될 것이라는 예측도 가능하다.

실제로 코로나 사태로 야기된 에너지 사용 인식 변화에서 에너지 전환이 가속화될 수 있다. 에너지 전환은 기술이 경쟁력을 갖추어야 함은 물론이고 소비자 인식 변화가 반드시 필요한데, 코로나 사태로 새로운 전환점이 형성될 수 있다. 특히 기존 생활방식과 에너지 소비습관에서 벗어난 새로운 변화를 경험하는 일련의 사건을 통해 이른바 '레거시 비용Legacy Cost'이 감소하기 때문에 변화에 대한 수용성이 향상될 수 있다. 그런 면에서 코로나 위기는 에너지 전환에서 의미 있는 변곡점이 될 수 있다.

특히 수송·이동 모빌리티 분야의 변화가 두드러지게 나타나고, 디지털 플랫폼으로의 이전, 그리고 '비대면 사회Untact Society'라는 이전에는 경험하지 못한 새로운 삶의 방식이 에너지 소비의 구조적인 변화를 촉진할 것이라는 예측도 가능하다.

이와 같은 사회적 변화 가운데 우리나라는 지난 2020년 10월 말에 2050년까지 '탄소중립'을 달성할 것을 국제사회에 선언했다. 탄소중립이란 이산화탄소 배출량과 흡수량을 더한 순배출량이 0인 상태를 말하는 것으로, 매우 빠르고 큰 규모의 에너지 전환이 필수적이다. 세계 최대 온실가스 배출국인 중국이 2020년 9월, UN 총회 연설에서 2060년까지 탄소중립 달성을 선언하고, 그리고 일본도 같은 달 2050년까지 탄소중립 달성을 선언한 이후, 우리 정부도 2050년 탄소중립을 선언했다.

탄소중립을 실현하기 위한 구체적 이행 방안은 각국에서 현재 준비중이다. 우리 정부는 2020년 12월 30일 UN에 '2050 장기 저탄소 발전전략Low Emission Development Strategy, LEDS'을 제출했다. 또한 현재 2050년 탄소중립 시나리오 마련을 위한 작업을 진행중에 있다.

EU도 2050년까지 100% 재생에너지 시대 진입을 목표로 하고 있고, 기후변화에 적극 대응하기 위한 다양한 정책수단들이 도입되고 있다. 특히 EU는 '탄소국경세' 도입을 적극 추진하고 있는데, 이는 온실가스 배출규제가 약한 국가에서 생산한 상품을 수입할 때 해당 격차에 따른 비용을 보전하기 위해 부과하는 세금이다. 미국에서는 아직 국가 차원의 재생에너지 장려 정책은 실시하지 않고 있으나, 캘리포니아와 뉴욕 등의 주들은 자체적으로 재생에너지 도입을 확대하기 위한 정책들을 채택하고 있다.

이러한 재생에너지 확대 움직임과 코로나19 확산에 따른 전력 수요 감소로 인해 미국 내 화석연료 수요는 급감한 반면, 상대적으로 재생에너지 수요는 감소폭이 작고 회복이 빠른 추세를 보이고 있다.

실제로 2020년 5월 미국에서는 134년 만에 처음으로 재생에너지 소비1경 1,500조 BTU[03]가 석탄 에너지 소비1경 1,300조 BTU를 넘어서는 현상이 발생했다구정모, 2020.5.29.. 기술발전을 통한 재생에너지 발전비용 하락은 에너지 전환을 가속화할 전망이다. 이와 같은 변화는 기후변화 대응을 정책목표로 설정한 바이든 행정부의 출범으로 더욱 가속화될 것으로 보인다.

국제에너지기구IEA의 시나리오에 따르면, 현재의 재생에너지 정책목표가 실행될 경우 2040년까지 전 세계 에너지 수요는 매년 1%씩 증가하고, 증가분의 절반을 재생에너지를 통해 공급하게 된다IEA, 『세계 에너지 전망 2019』. 즉, 재생에너지로의 에너지 전환은 새로운 타이드를 형

03 미국·영국에서 공업상 사용하는 열량 단위 British Thermal Unit의 약자이다. 1BTU = 0.252kcal.

성하고 있다. 블랙타이드가 될지, 긍정적인 영향을 주는 화이트타이드가 될지는 우리의 선택에 달려 있다.

에너지 계통 불안정성의 증폭과 블랙타이드

한편, 급격한 에너지 전환은 에너지 계통의 불안정성을 유발할 수 있다. 예를 들어 2020년 여름 극심한 폭염을 겪은 미국 캘리포니아주는 전력 부족 상황에 대응하기 위해 순환 정전을 시행했다. 이로 인해 수백만 명의 주민들이 전력을 공급받지 못하는 사태가 발생했는데, 근본적으로 태양광 등의 재생에너지를 확대하고 원자력발전소를 폐쇄하는 정책으로 인한 전력 공급 차질이라는 비판이 일고 있다이재은, 2020.8.19..

2019년 여름, 영국 잉글랜드 남동부와 웨일스 지역에서 풍력발전소 고장으로 대규모 정전 사태가 발생했다. 이 때문에 런던의 지하철과 신호등이 작동하지 않는 등 시민들은 큰 불편을 겪어야 했다.

2018년 미국 라스베이거스 컨벤션센터LVCC에서 개최된 세계 최대 가전·IT 전시회인 'CES 2018'은 미래의 첨단기술과 혁신사회를 보여주는 경연장으로 주목을 받았으나, 개막 직후 전기 공급이 끊기면서 행사가 중단되는 사태가 발생했다. 이러한 사례들은 재생에너지 비율이 더 높아질 미래 사회에 안정적인 전력 공급의 중요성을 상징적으로 보여준 사건들이다.

재생에너지로의 전환은 석탄과 석유 등의 화석연료에 대한 의존성을 낮추어 전력 부문의 탈탄소화De-carbonization를 수반한다는 점에서

감발과 증발의 위험을 보여주는 캘리포니아의 덕 커브 자료: 캘리포니아 ISO, 2013.

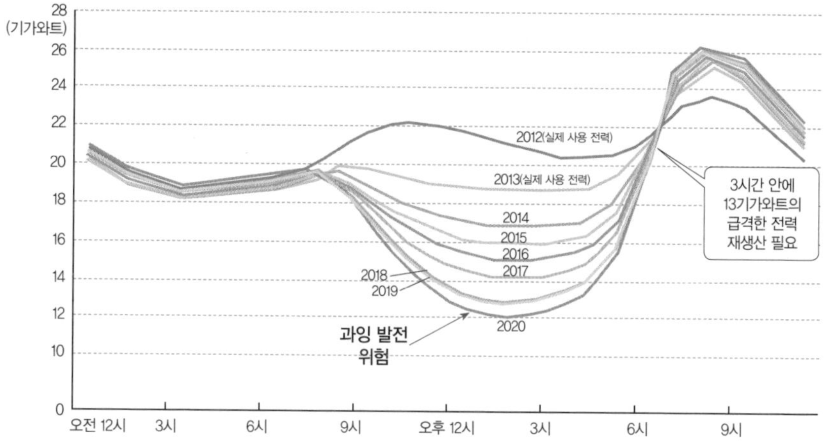

긍정적인 효과를 갖는다. 그러나 앞선 사례에서도 볼 수 있듯, 전력 부문 탈탄소화는 전력 계통의 공급 불안정성을 증폭시킬 수 있는데, 이는 재생에너지 보급으로 전력 순부하의 변동성이 증가하고 수요 예측 오차도 심화될 것이기 때문이다. 이러한 위험은 '덕 커브Duck Curve'에 의해 설명될 수 있다위의 그림 참조.

캘리포니아 최대 계통 운영 및 도매전력 시장 운영자인 CAISO에 따르면, 태양광 등의 신재생에너지 비중이 증가하기 전인 2012년 무렵에는 전력망 순부하Net Load가 오전 9시와 오후 9시 전후로 소폭 상승하는 전형적인 '카멜 커브Carmel Curve'위 그래프에서 회색 선의 적은 변동성을 보이므로 전력 수급이 용이했다. 그러나 태양광 발전 설비 비중이 급격하게 확대된 2013년 무렵에는 해가 떠 있는 시간대에 순부하가 급격히 감소하고, 발전을 할 수 없는 늦은 오후 시간대에 순부하를 급격히 끌

어울리게 되는 '덕 커브'의 패턴을 보이게 되었다.

덕 커브 현상이 심화될 경우, 하루 중 전력망 순부하의 변동성이 점차 커지는데, 이는 계통 안정성에 심각한 위험을 초래할 수 있다. 순부하가 급격히 감소하는 시간대에는 기존 발전 시스템의 출력을 급격히 낮추는 감발을 시행하여 과잉 발전 위험Over-generation Risk에 대비해야 하고, 순부하가 급격히 상승하는 시간대에는 기존 발전 시스템의 출력을 짧은 시간에 급격히 끌어올려 증발 위험Ramping-up Risk에 대비해야 하기 때문이다. 감발과 증발을 반복하는 것은 계통 안정성에 심각한 위협을 주는 것은 물론 운영·유지 비용을 상승시키는 요인이 된다.

재생에너지 전환으로 인해 발생할 수 있는 이러한 계통 불안정성은 전기자동차EV의 보급 확대와 충전 소비 증가로 인해 더욱 심화될 수 있다. 특히 전기자동차는 이동 가능한 부하의 역할을 하기 때문에, 시간에 따른 순부하 변동성은 물론 공간에 따른 순부하 변동성도 증가시킬 수 있어 계통 전반에 대한 체계적인 대응이 필요하다.

이와 같은 계통 불안정성 증가와 함께, 전 세계적으로 건물과 산업시설, 그리고 수송 부문에서 사용하는 최종 에너지 소비를 기존의 화석연료에서 청정한 전기로 대체하는 전기화Electrification가 진행되고 있다. 특히 온실가스 감축과 미세먼지 저감을 추진하는 국가를 중심으로 최종 에너지의 전기화는 가속화될 전망이다. 최종 에너지의 전기화가 재생에너지 발전기술 확대를 중심으로 한 전력 부문의 탈탄소화와 함께 진행될 경우, 전력 계통의 불안정성은 더욱 빠른 속도로 증가할 것이다. 이는 디지털 전환을 경험하고 있는 세계 경제 전반의 취약성을 심화할 것으로 보인다.

무엇보다도 고품질 전력에 의존하는 정밀 제조업이나 IT 기반 서비스 산업 등은 직접적인 타격을 받게 될 수 있다. 에너지 전환으로 인해 야기되는 에너지 계통의 불안정성은 에너지 분야의 새로운 블랙타이드로 떠오르고 있다.

기후정책의 비대칭성과 블랙타이드

개발도상국과 선진국의 입장 차이

기후변화 국제협력은 1992년 유엔기후변화협약UNFCCC이 시작된 이래, 선진국과 개발도상국의 '공통의, 그러나 차별화된 책임'에 따라 국가별 온실가스 감축 의무를 차별화했다. 그러나 교토의정서Kyoto Protocol, 1997 체제 아래에서 개발도상국의 참여가 전제되지 않은 기존의 차별화된 감축 의무에 대해 선진국의 지속적인 불만이 존재해왔고, 이는 기후변화의 원인을 제공한 선진국의 적극적인 대응 노력을 촉구하는 개발도상국의 입장과 정면으로 배치되어 기후변화 대응을 위한 적극적인 국제협력은 난항을 겪어왔다.

이미 경제성장을 이룩한 선진국들은 국가별 배출 총량 기반의 절대적인 기후 목표를, 이제 막 경제성장을 시작한 개발도상국들은 인당 배출량, 혹은 부가가치 대비 배출량을 기준으로 한 상대적인 기후 목표를 주장하는 등, 자국의 이익에 부합하는 방식대로 기후변화 국제협력에 임했다. 실제로 다음 그림에서 나타나듯이, 배출 총량 측면에서 상위권을 기록한 국가들과 인당 배출량 측면에서 상위권을 기록한 국가들에는 적지 않은 차이가 있다.

국가별 온실가스 총 배출량과 1인당 배출량의 차이

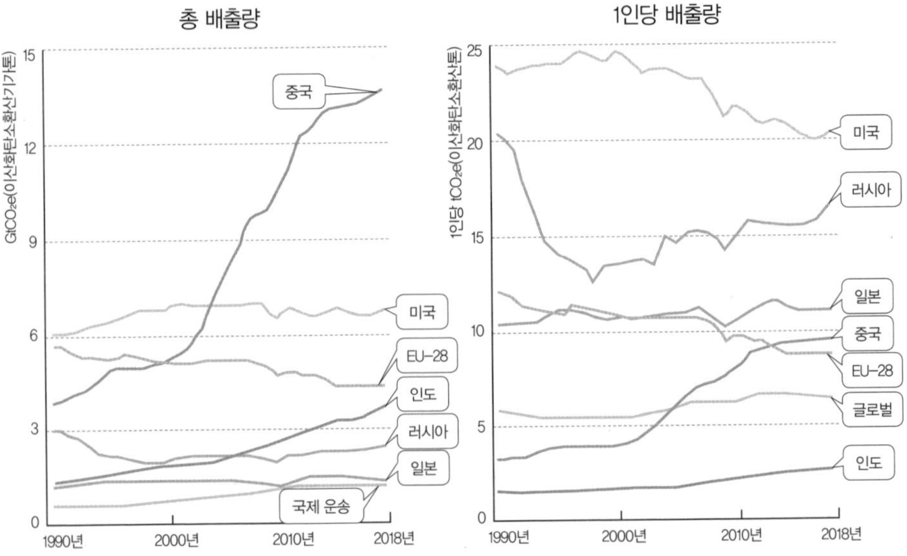

자료: UNEP, 『배출량 갭 보고서(Emissions Gap Report)』, 2019.

이와 같은 문제점은 신기후체제의 필요성을 부각시켰다. 그리고 마침내 2015년 12월 파리 당사국총회에서 모든 국가가 자발적 기여를 전제로 기후변화 대응 노력에 참여한다는 파리협정Paris Agreement을 채택하고, 2016년 10월 파리협정 발효 요건이 충족되어 현재 약 200개국이 협력하는 형태를 갖추었다. 파리협정의 주요 합의내용은 산업화 이전과 비교하여 지구의 평균 기온이 2도 이상 상승하지 않도록 하며, 궁극적으로는 기온 상승을 1.5도로 제한하기 위한 노력을 추구하는 것이다.

파리협정에 따르면, 모든 국가들은 자체적으로 정한 감축 목표를 5년 주기로 제출해야 하며, 차기 목표는 이전 목표보다 진전된 수준으로 수립해야 한다는 상향식 접근방법을 적용한다. 또한 선진국에는 '경제 전반의 절대적인 배출량 감축 목표'를 이행하도록 한 반면, 개발도상국에는 '경제 전반의 배출량 감소 혹은 제한 목표'를 사용할 것을 권장했다.

그러나 이러한 파리협약에도 불구하고, 각국이 제출한 자발적인 국가 온실가스 감축 목표NDC는 기후위기를 피하기 위한 마지노선인, 산업화 이전 대비 지구 평균 온도 상승폭을 1.5도로 제한하지 못할 것으로 전망된다.

환경단체인 기후행동추적CAT에 따르면, 모든 국가가 협약을 준수할 경우에도 산업화 이전과 대비해 지구의 기온이 2.8도 상승할 것으로 예상된다CAT, 2019. 또한 유엔환경계획UNEP이 발표한 보고서에 따르면, 자발적인 공약을 따를 경우 지구 평균 기온 상승을 2도 이내로 제한하기 어려울 것으로 보인다UNEP, 2017. 자발적 감축 목표를 달성하는 것에서도 현재 시행되는 정책으로 쉽게 달성할 수 있는 국가가 있는 반면, 상당수의 국가들은 더 강력한 기후정책을 추가적으로 제정해 시행할 것을 요구하고 있다. 따라서 기본적으로 비징벌적인 성격을 갖는 이 협약의 실효성에 대한 의문이 제기된다.

2030년 NDC 달성을 위한 추가 감축 부담

자료: UNEP, 『배출량 갭 보고서』, 2019.

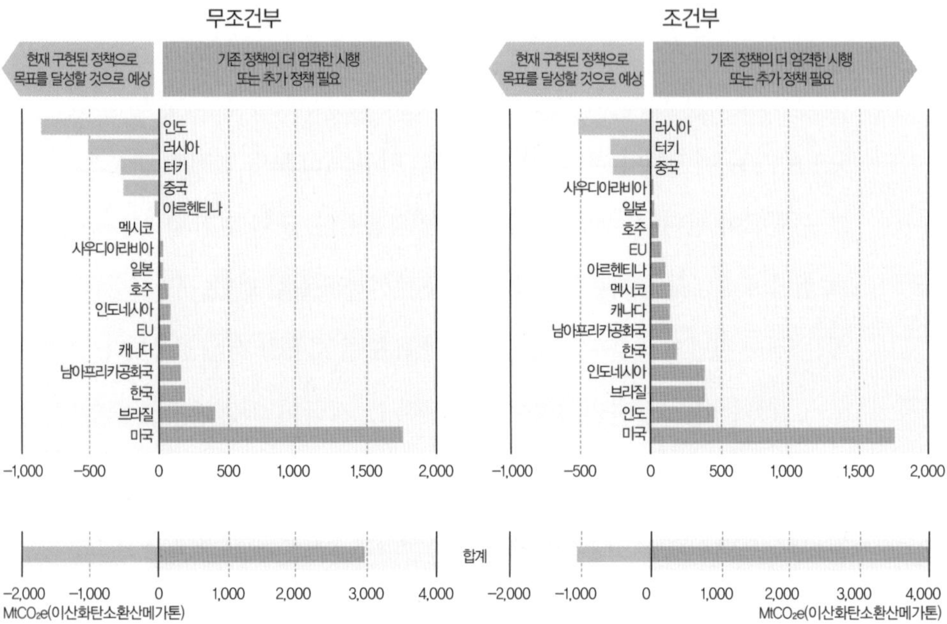

파리협정을 둘러싼 국가 간의 갈등 요소도 신기후체제의 성공적인 이행을 어렵게 만드는 요인이다. 파리협약은 재원 마련, 기술 이전, 그리고 역량 배양 등의 내용을 포괄하고 있지만, 구속력이 없다는 한계점을 갖는다. 따라서 온실가스 배출의 대부분을 차지하는 개발도상국중국·인도·동남아시아 국가들, 남아프리카공화국 등의 지속적인 감축 노력을 기대할 수 있을지에 대한 의문도 존재한다. 오히려 개발도상국의 성장으로 화석연료에 대한 수요가 증가하고 카본 락인Carbon Lock-in에 대한 우려가 높아지고 있는 실정이다.

최근에는 70여 개 국가가 2050년까지 탄소중립 혹은 넷제로를 달성하겠다는 목표를 세웠으나, 이를 위한 국가별 역량 구축과 실효성 있는 국제협력이 가능할 것인지에 대해서도 역시 의문이 존재한다. 기후변화 정책의 비대칭성이 새로운 블랙타이드로 형성되고 있는 듯하다.

탄소정책 시행에 따른 새로운 갈등 발생

감축 목표 설정을 각 국가의 자율성에 맡김으로써 국가 간 비대칭적 기후정책이 시행될 수 있다는 점은, 특정 산업과 국가의 경쟁력 약화로 이어질 수 있다. 이미 많은 글로벌 기업은 재생에너지를 사용하고 있으며, 국내외 협력업체들의 제품과 서비스도 재생에너지로 생산할 것을 요구하고 있다. 애플이 2030년까지 자사 제품의 모든 공급사슬에서 넷제로 탄소배출 달성을 선언하고, 삼성전자를 비롯한 협력업체의 근본적인 변화를 요구하는 것이 그 예이다. 심지어 마이크로소프트는 2030년까지 탄소 순흡수를 달성하고, 2050년까지 과거 배출을 모두 흡수할 것을 선언하기도 했다.

이와 같은 급격한 변화 가운데, 고객사의 강화된 탈탄소화 요구를 수용할 능력이 없는 협력업체들은 경쟁에서 밀려날 수밖에 없을 것이다. 유럽을 중심으로 논의되는 탄소국경세 역시 탄소 감축 역량을 갖추지 못한 산업에 대해 직접적인 무역장벽으로 작용할 수 있다.

또한 국가 차원에서 온실가스 감축을 위한 정책을 시행하는 과정에서, 탄소 배출 집약도가 높은 특정 산업이 배출규제가 없거나 더 약한 곳으로 생산시설을 이전하거나 신규 투자를 회피하는 이른바 '탄소 누출Carbon Leakage' 현상에 대한 우려도 높아지고 있다. 선진국들이 탄소 감축을 위해 재생에너지 비중을 높이면서 화석연료에 대한 수요를 줄일 경우, 국제 에너지 시장에서 화석연료 가격이 하락하게 되고, 저렴한 화석연료에 대한 개발도상국들의 의존성이 증대될 수 있다는 점도 탄소 누출의 간접적인 문제점으로 꼽힌다. 아울러 배출권 거래제 기반의 온실가스 감축 정책을 시행하는 국가의 경우, 배출권의 할당량을 둘러싼 산업 간의 갈등과 특정 산업에 대한 정책 적용 배제 요구도 빈번히 발생하고 있다. 산업별로 생산시설의 배출 집약도 및 향후 경기전망이 판이하게 다른 것도 배출권 거래제의 효과적인 시행을 가로막는 요인으로 작용하고 있다.

탄소 감축을 포함한 기후정책은 한 국가 내의 소득계층 및 세대 간 갈등도 촉발시키고 있다. 예를 들어 프랑스 마크롱 정부가 에너지 전환 정책의 일환으로 유류세 인상 계획을 발표하자, 이에 반발한 사람들이 형광색 조끼를 입고 집회에 참가한, 이른바 '노란 조끼' 시위가 발발했다. 이렇듯 국내 기후정책이 강화될 경우 유류세 인상 등으로 인해 서민의 에너지 지출 부담이 증가하게 될 것이며, 이러한 부담이 누진적일지, 혹은 역진적일지에 대한 논란도 있다. 또한 에너지 전환 과정에서 재생에너지 신규 투자에 따른 고용창출 효과가 발생할 수 있지만, 기존 화석연료 산업에 위축이 발생할 경우 화석연료 산업 노동력은 일자리를 잃을 수 있다. 아울러 어떤 산업을 기후정책의 부담에서 제외시킬 것인지에 대한 문제로 인해 산업 간의 갈등과 형평성 논란도 커질 수 있다. 이러한 갈등은 새로운 위기 요인으로 다가오고 있다.

기후변화 대응과 시장의 재편

민간 부문에서도 기업의 자발적인 탈탄소화 노력이 점차 거세지고 있다. 일례로 기업 운영에 필요한 에너지를 재생에너지로 완전히 대체하고자 하는 'RE100 Renewable Energy 100%' 캠페인에 참여하는 기업들이 꾸준히 증가해 2020년 말 현재 이미 250개 이상의 기업이 가입했다. 이와 함께 대표적인 석유화학 기업인 BP British Petroleum 와 토탈이 2050년까지 탄소중립을 선언하고, 마이크로소프트가 2030년까지 탄소 순흡수를, 애플이 2030년까지 공급망 전체에 대한 탄소중립을 달성할 것을 선언하기도 했다. 기업에서 탈탄소화가 새로운 경쟁력으로 부상하고 있는 것이다.

기업 경영에서 탈탄소화는 더 이상 선택의 문제가 아니다. 기업에 대한 투자자·주주·소비자의 탈탄소화 압력이 점차 조직화되고 있기 때문이다. 대표적인 자산운용사인 블랙록과 노르웨이 연기금 등은 석탄 투자를 철회했고, 기관투자자를 중심으로 투자 대상 기업의 상세한 탄소 정보 공개가 요구되고 있다 탄소 정보 공개 프로젝트, CDP .

아울러 G20 재무장관 및 중앙은행 협의체인 금융안정화위원회에서는 기업의 기후변화 관련 재무정보 공개를 요구하는 협의체 TCFD 를 발족해, 기후변화의 물리적 리스크 및 기후정책 이행에 따른 리스크, 그리고 이에 대응하기 위한 의사결정 체계를 공시하도록 하는 권고안을 내놓았다. 그뿐만 아니라 기후 및 환경 관련 금융 리스크 관리를 위한 각국 중앙은행 및 금융감독 기구의 논의체NGFS가 설립되어, 기후변화가 각국의 실물경제는 물론 금융산업 전반에 미치는 위험에 대응하고 있다.

이와 같은 금융권의 변화는 향후 탄소 배출의 재원 출처에 대한 객관적 평가를 가능하게 하고, 기후변화 위기에 대응하지 못하는 기업의 재원 조달 자체를 어렵게 하여 경쟁력을 급격히 저하시킬 것이다. 특히 다량의 화석연료 자원을 보유한 주요 석유 및 가스 기업의 전망이 불투명하다. 세계적인 기후변화 대응 노력 때문에 기업들이 보유한 상당량의 자원을 결국 채취하지 못해 자산이 좌초되는 사태에 직면할 것으로 보이기 때문이다.

기후위기 시대의 기업 경쟁력은 기존에 존재하지 않던 새로운 무역장벽의 출현으로 더욱 심화될 전망이다. 특히 EU는 기후정책의 효율성 제고와 탄소 누출 현상 방지를 위해, 미국의 바이든 행정부는 자국의 산업을 보호하기 위해 탄소국경조정세CBA를 구체적으로 논의하고 있다. 탄소국경조정세란 자국의 탄소 감축 노력으로 인한 국내 산업의 추가 부담만큼을 수입상품에 부과하고, 국내 상품 수출 시 탄소 감축 비용을 환급해주는 등의 조치를 의미한다. 결국 탄소 배출규제가 강한 국가가 규제가 약한 국가에서 생산한 상품을 수입할 때 해당 격차에 따른 비용을 보전하기 위해 부과하는 세금인데, 이와 같은 비관세 무역장벽은 탈탄소화 역량을 갖추지 못한 수출기업의 판로를 가로막게 될 것이 자명하다.

잠깐

석유 거대 기업들의 몰락

코로나19라는 새로운 감염병으로 인해 인류는 전례 없던 도전에 직면하고 있다. 언택트, 디지털 전환 등이 요구되면서 전 세계의 많은 사람들이 동일한 변화를 동일한 시점에 경험하고 있지만, 지금의 우리가 겪는 변화들이 갑자기 진행된 것은 아니다. 과거 '제3의 물결'부터 '웹 경제', '유비쿼터스', 그리고 '4차 산업혁명'에 이르기까지 다양한 단어들로 명명되며 커다란 변화의 조류가 밀려오고 있었다.

다음 표에서 보듯이 2011년까지만 하더라도 글로벌 시가총액 상

글로벌 시가총액 상위 10위 기업(미국 주식 시가총액 기준)

순위	2011년	2012년	2013년	2014년	2015년	2016년	2018년	2020년 6월
1	엑슨모빌	애플	애플	애플	애플	애플	애플	애플
2	애플	엑슨모빌	엑슨모빌	엑슨모빌	알파벳	알파벳	알파벳	마이크로소프트
3	페트로차이나	페트로차이나	마이크로소프트	마이크로소프트	마이크로소프트	마이크로소프트	마이크로소프트	아마존
4	로열 더치 쉘	BHP 빌리턴	구글	버크셔 해서웨이	버크셔 해서웨이	버크셔 해서웨이	아마존	알파벳
5	중국공상은행	중국공상은행	버크셔 해서웨이	구글	엑슨모빌	엑슨모빌	텐센트	페이스북
6	마이크로소프트	차이나 모바일	제너럴 일렉트릭	페트로차이나	아마존	아마존	페이스북	알리바바
7	IBM	월마트	존슨앤존슨	존슨앤존슨	제너럴 일렉트릭	존슨앤존슨	버크셔 해서웨이	버크셔 해서웨이
8	셰브론	삼성전자	월마트	웰스파고	존슨앤존슨	제이피모건	알리바바	비자
9	월마트	마이크로소프트	로슈	월마트	웰스파고	제너럴 일렉트릭	제이피모건	존슨앤존슨
10	차이나 모바일	로열 더치 쉘	셰브런	중국공상은행	제이피모건	웰스파고	존슨앤존슨	월마트

위 10위 기업의 상당수는 엑손모빌, 페트로차이나, 로열 더치 쉘, 셰브론 같은 에너지 회사들이었다. 그러나 테크 기업Tech Firm 이라고 불리는 디지털 기반 기술 기업들이 부상하면서 에너지 회사들이 차지하던 위치를 디지털 기반 기술 기업들이 빠르게 대체하고 있다.

글로벌 에너지 전환의 주요 변곡점과 새로운 타이드

앞으로 글로벌 에너지 전력시장은 사업자 간의 수직통합에 의해서 유지되던 일방향 공급시장에서, 전력시장의 고도화와 개방화를 통한 다양한 사업자의 참여가 이루어지는 양방향 전력시장으로 변화할 것으로 전망된다. 또한 분산 및 디지털화가 이 변화의 큰 축을 이루게 될 것이다.

이러한 시장에서 주요 에너지 기술을 본다면 태양광, 배터리 저장장치, 전기자동차, 마이크로 그리드, 홈·빌딩 에너지 시스템, 스마트 미터, 인공지능AI, 그리드 기술, 클라우드, 피투피Peer-2-Peer 에너지 전환 기술, 이렇게 열 가지를 대표적인 기술로 볼 수 있다.

이러한 열 가지 대표적 에너지 기술을 바탕으로 앞으로 30년간의 글로벌 에너지 시장을 전망해볼 때, 가장 주요한 변곡점은 세 가지로 나누어 볼 수 있다.

변곡점 1. 신에너지 시장의 출현

첫 번째 변곡점은 태양광 등 분산형 전원의 설치비용이 배터리 기술과

미래의 10가지 대표 에너지 기술

접목되어 점차 낮아짐에 따라, 기존 화석연료 중심의 전력 소매 요금과 동등해지는 시기이다. 다시 말해 '신에너지 시장'의 출현이다.

2009년부터 2019년까지 태양광발전 모듈과 풍력발전의 터빈 설치 비용이 각각 80%, 30~40% 감소했다. 일부 국가에서는 빠르면 2022년을 시작으로 육상 풍력과 태양광의 발전비용이 화석연료를 대체할 수 있는 수준이 될 것으로 예상된다. 결과적으로 태양광발전과 풍력발전 등 분산형 전원의 경제성이 확보됨에 따라 점차 전력 소비와 생산을 동시에 수행하는 전력 프로슈머Prosumer의 확대로 이어질 것으로 보인다.

변곡점 2. 전력과 자동차 산업의 융합

두 번째 변곡점은 전기자동차의 성능과 가격이 일반 내연기관 자동차와 동일해지는 시기이다. 이는 2025년부터 나타나기 시작할 것으로 보이는데, 전력과 자동차 산업이 융합하는 시기이다.

전기자동차는 현재 많은 국가에서 탈탄소화를 위해 보조금 지급 및 인센티브를 통해 시장을 활성화하고 있는 분야이다. 2021년을 기점으로 더 가파른 수요 증가가 예상되고 있다. 매년 130% 이상 성장 중인 전기차 충전기 인프라 확대로 전력 수요는 더욱 높아질 것으로 보이며, 전력망 운영 사업자는 송배전망에 미치는 영향을 미리 파악하고 투자 및 운영할 수 있는 역할이 중요해질 것으로 볼 수 있다.

변곡점 3. 디지털 에너지 시장의 도래

세 번째 변곡점은 분산형 전원과 에너지 저장장치의 균등화 발전비용 LCOE이 기존 전력의 송배전 비용보다 낮아지는 '디지털 에너지 시장'의 도래 시기이다. 2035년 이후 실현될 것으로 예상된다. 전력 사업자와 전력망 운영 사업자가 송배전망에 대해 디지털 제어가 가능해 전력망 관리가 좀 더 효율적으로 가능할 것으로 기대된다. 전력시장은 신재생에너지를 기반으로 전환될 것이며, 디지털 기술을 바탕으로 전력 수급을 안정적으로 유지하고 운영할 수 있을 것으로 보인다.

현재 글로벌 에너지 전력산업의 전환은 결코 멀지 않다. 오세아니아와 유럽 국가들을 시작으로 2025년 후에는 대부분의 국가가 전환점을 맞을 것으로 예상된다. 기존 화석연료에 의존해 수직 통합된 전력시장이 신재생에너지를 통한 분산형 전원의 확산에 따른 개방화를 맞이하게 될 때까지 앞으로 불과 10년 정도밖에 남지 않았다.

글로벌 에너지 전력산업의 전환은 국내 발전 사업자와 투자자에게 유리한 사업 기회가 될 것이다. 그러나 빠르게 변화하는 에너지 시장의 환경변화를 파악하지 못하거나, 이를 파악하더라도 변화에 대해 전략적인 대응에 실패한다면 에너지 전환의 쓰나미, 큰 조류Tide에 휩쓸려 도태될 수 있다. 어떻게 준비하느냐에 따라서 이러한 변화는 블랙타이드가 될 수도 있고, 화이트타이드가 될 수도 있는 것이다.

2

우리나라 에너지 시장의
변화와 위기

에너지 전환과 사회적 수용성 위기

우리나라는 파리협정 아래에서 국가 온실가스 감축 목표NDC를 제출하면서 기후변화 대응 의지를 국제 사회에 선언하고, 신기후체제 출범을 위한 국제 사회의 노력에 동참해왔다. 아울러 2050년 탄소중립 달성을 목표로 하는 내용으로 장기 저탄소 발전전략LEDS을 UN에 제출했다. 더 나아가 파리협정 아래에서는 점차 강화될 감축 의무에 대해 5년마다 이행을 점검받아야 할 의무를 가진다. 그런데 이를 달성하는 과정에서 겪게 될 가장 큰 걸림돌은 에너지 전환의 과정에서 발생하는 사회적인 수용성 갈등이다.

에너지 시설 입지를 둘러싼 사회적 갈등 고조

에너지 시설 입지를 둘러싼 사회적 갈등이 첨예화되고 있다. 2012년에는 경상남도 밀양시에 고압 송전탑을 설치하는 문제를 두고 주민과 한국전력공사 사이에 격렬한 분쟁이 벌어졌다. 또 다른 사례로 방사성 폐기물 처분 시설 갈등을 들 수 있다. 원전 내 사용 후 핵연료 수용 비율이 포화 상태에 도달해가면서 정부는 지난 30년간 충남 안면도, 인천 굴업도, 그리고 전북 부안 등의 지역에 방사성 폐기물 처리시설을 마련하려 시도해왔으나 주민들의 반대로 무산되었다. 이러한 일련의 사건들 이후 에너지 정책의 투명성은 많이 개선되었다고 볼 수 있다.

하지만 여전히 에너지 시설은 입지 선정과 건설 단계부터 온실가스 및 미세먼지 배출 문제가 발생하는 운영 단계, 그리고 이후 가동 중지 및 폐기 의사결정 단계에 이르기까지 전 단계에 걸쳐 갈등 요소가 내재되어 있다. 이러한 수용성 갈등은 화석연료나 핵연료 발전시설에만 국한되는 것은 아니다. 한 예로, 나주에 건설된 고형 폐기물연료SRF 열병합발전소의 가동 문제를 두고 환경문제를 내세워 반대한 나주 주민들과 가동 중단에 따라 발생할 손실 보전을 요구한 난방공사 간에 갈등이 발생했다.

친환경발전이라고 할 수 있는 재생에너지 시설의 입지 선정 과정에서도 갈등이 벌어질 수 있다. 2019년 광주에서는 주민들의 반발로 수소 충전소 설치 공사가 중단되는 일이 발생했으며손상원, 2020.1.6., 2020년 5월 부산에서 개최된 수소 충전소 설명회에서는 주민들의 거센 반발과 고성이 오가기도 했다조재환, 2020.5.15.. 이러한 사례는 신재생에너지 전환에서도 수용성 갈등이 새로운 도전으로 다가오고 있음을 보여준다.

탈원전 대 친원전

원전의 경우, 과거부터 에너지 전환 정책이 추진되고 있는 지금까지도 친원전 측과 탈원전 측의 논쟁이 지속되고 있다. 친원전 측과 탈원전 측은 원전의 안전성, 경제성, 세계적인 추세에 대해 서로 정반대의 시각을 가지고 있다.

먼저 안전성의 경우, 친원전 측은 과학적으로 원전에 중대사고가 발생할 확률은 10만 분의 1 이하로 어느 시설보다 안전하다고 주장하며, 탈원전 측은 지금까지 원전에서 세 번의 중대사고가 발생했기 때문에 사고 발생 확률은 3/443세계 운영 원전 수, 출처: IAEA으로 결코 작은 확률이 아니라고 주장한다.

경제성의 경우, 친원전 측은 원전이 가장 저렴한 에너지원이라고 주장하는 반면, 탈원전 측은 외부비용사고비용, 사용 후 핵연료 처리비용 등을 고려할 때 결코 저렴한 에너지원이 아니라고 주장한다. 그리고 재생에너지 기술의 발전과 후쿠시마 사고 이후 안전규제 강화로 인하여 재생에너지와 원전의 가격 차이는 급격하게 감소되고 있다고 주장하고 있다.

세계적인 추세의 경우, 친원전 측은 전 세계적으로 원전을 지속적으로 건설하고 있으며, 후쿠시마 사고가 발생한 일본조차도 중지했던 원전을 재가동하고 있다고 말한다. 탈원전 측은 선진국으로 볼 수 있는 OECD 36개국을 살펴보면, 72%에 해당하는 26개국이 원전이 없거나, 원전 비중을 축소하는 중이라고 주장한다.

우리나라는 2011년 후쿠시마 원전사고와 2016년 경주 지진 이후, 원전사고에 대한 우려가 확산되면서 2017년 대선 후보 다섯 명 중 네 명이 원전 축소를 공약으로 내세웠으며, 문재인 대통령 취임 후 '탈원전 정책으로 안전하고 깨끗한 에너지로 전환'이 국정과제로 확정되어 추진중이다. 에너지 전환 정책이 추진되는 와중에 앞서 언급한 친원전 측과 탈원전 측의 논쟁은 지속되고 있으며, 앞으로도 이러한 논쟁은 계속될 전망이다. 탈원전과 친원전에 대한 좁혀지지 않는 시각 차이는 에너지 전환에서 또 다른 위기를 가져오고 있다.

에너지 전환 속도에 대한 논쟁

'에너지 전환이 우리 경제에 미칠 수 있는 충격을 고려할 때, 현재의 진행속도는 너무 빠르다'라는 관점과 '독일과 영국 등 선진국의 노력에 비하면 급격한 것이 아니다'라는 관점이 대립하고 있다. 한국에서 원전은 2024년까지 설비가 증가하고, 이후 60여 년 이상 점진적으로 감축할 예정이다. 석탄 발전량 비중은 2030년 29.9% 수준까지 줄여나갈 계획이며2017년 43.1%, 영국과 독일은 석탄발전을 중장기적으로 전면 폐쇄할 예정이다. 한국의 경우, 재생에너지는 2030년 발전량 비중 20%를 목표로 점진적으로 확대중이다.

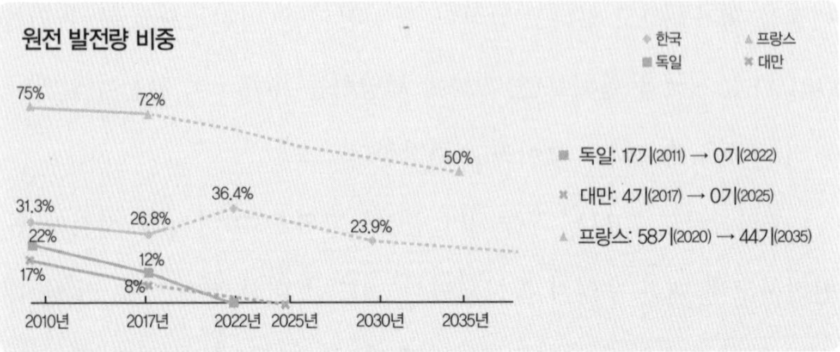

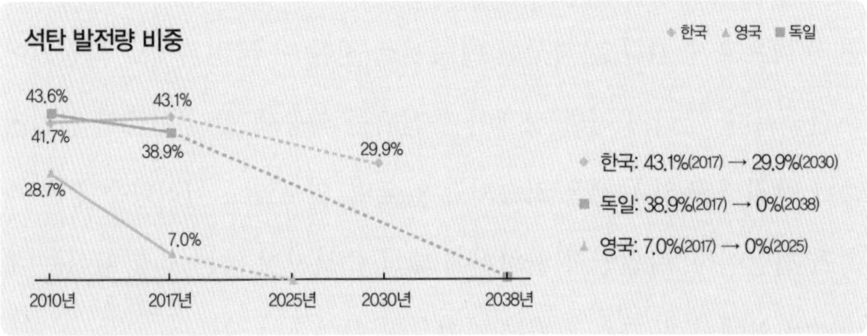

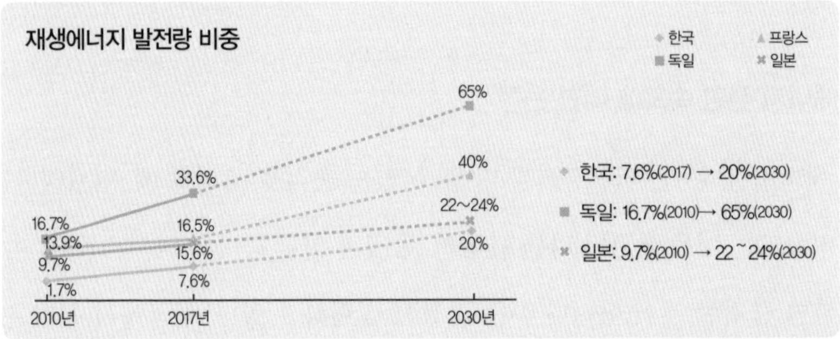

자료: 산업통상자원부

사실을 보면 선진국에 비해 원전의 감축은 가장 빠르고, 재생에너지의 확대는 속도가 느리다. 그리고 필연적으로 에너지 전환의 속도는 비용 전가의 문제를 유발하기 때문에 논쟁이 지속되고 있다. 즉, '전기요금은 에너지 전환으로 상승하는 원가를 반영해 점차 인상해야 한다'는 관점과 '전기요금은 비용과 별도로 정책적으로 다루어야 한다'라는 관점이 대립하고 있다. 특히 코로나19 사태로 국제 유가가 급락하면서 기존에 예상치 못했던 새로운 문제가 발생하고 있다. 예를 들어 LNG 가격대체로 국제 유가와 함께 움직인다 급락으로 한국전력공사가 2020년 상반기 흑자를 거두면서 전기요금을 원료비에 연동하는 이슈가 다시 부각되고 있다. 따라서 전기요금의 원료비 연동제 이슈는 전기요금의 인상·인하 문제와 결부되어 새로운 사회적 갈등 요인이 될 수 있다.

신에너지 안보의 대두

코로나19가 바꾼 에너지 안보

코로나19로 인한 국제 질서 및 에너지 패러다임의 변화는 기존의 석유, 가스의 수급 및 가격에 기반한 에너지 안보 개념에도 변화를 가져올 것으로 예상된다. 글로벌 수요 공급에서 2020년대 중반까지 공급 안정성을 상당부분 갖춘 구매자 우위 시장 구도가 형성되었다. 이에 따라 에너지 수요 증가에 대한 강박에서 어느 정도 벗어날 수 있게 되었고, 에너지 전환의 안정적인 이행과 기후변화 대응이 에너지 안보의 기조로 더 강화될 가능성이 커지고 있다. 이 과정에서 탄력성Resilience 개념이 에너지 안보의 새로운 축을 형성해가고 있다.

탄력성은 '유연성'과 '속도'가 반영되는 대응 역량의 동적 개념으로 설명된다. 대응 역량은 에너지 믹스의 다양화, 인프라의 안정성, 그리고 에너지 시스템을 운용할 정보력과 인력 풀의 보유로 뒷받침되어야 한다. 이를 위해서는 화석 및 비화석 연료의 각 에너지 부문별 펀더멘털이 갖추어져야 한다.

아울러 온라인 플랫폼에 대한 의존도가 높아질수록 전력 부문의 공급 및 시설 안보 문제가 대두된다. 만약 코로나19 사태 중 전력 공급 및 인프라에 문제가 발생했을 경우, 온라인 근무와 안정적인 자가 격리가 가능했을까 상상하면 섬뜩하다. 최종 에너지 소비의 전력화가 가속화되고, 전기자동차 보급이 증가할수록 전력 생산에 대한 안전성 있는 대안이 필요하다. 특히 기저 부하 부문의 견고성과 핵심 인프라 시설의 안전이 전력 안보를 담보해야 한다. 따라서 원자력 에너지도 환경 측면에서만 볼 것이 아니라 기저 부하를 담당하는 안보적 요인 및 기술력 차원에서 접근해야 할 필요성이 있다.

코로나19에 따른 세계 경제의 침체는 에너지 산업에 대한 좀 더 체계적인 관리를 요구한다. 2020년대 중반 이후 수급 방안에 대한 재편성, 장기적 에너지 수요 증가세 둔화에 따른 수익성 있는 프로젝트 발굴 및 그린 에너지 분야에서 경쟁력 확보를 종합적으로 고려한 포괄적 정책의 필요성이 부각되고 있다. 에너지 안보의 개념은 단순히 '무엇을 해야 한다'가 아니라 '어떤 상황을 만날 것인가', '예기치 않은 변수Black Tide는 무엇인가'로 변화하고 있다. 코로나19라는 블랙타이드는 바로 그런 예시를 제공해주었다.

재생에너지의 불안정성

과거에는 에너지 수입 의존도를 낮추고 국제 석유시장의 영향을 줄이기 위해서, 공급선 다변화를 중심으로 한 자원개발과 국내 비축자원 확대를 주된 내용으로 한 에너지 안보 정책을 추진해왔다. 그러나 이제는 에너지 전환에 대한 사회적 요구와 맞물려 에너지 수입 의존도를 원천적으로 낮추는 동시에, 미세먼지를 좀 더 효과적으로 저감하기 위해 재생에너지를 적극적으로 확대하는 신에너지 안보 정책이 대두되고 있다. 재생에너지 보급은 안보 및 환경 측면 모두에서 편익을 제공하기 때문에, 기후변화 대응을 위한 목적이 아니더라도 추진해야 할 정당성이 확보된다.

그러나 출력 간헐성이 있는 재생에너지 비중이 증가한다는 것은 에너지 공급에서 불확실성이 증가함을 의미한다. 대표적인 예로 제주도의 재생에너지 확대로 인한 발전 출력 제약 사례를 들 수 있다. 이와 같은 에너지 수급의 불확실성 확대는 에너지 소비의 변동성 확대와 맞물려 우리 에너지 시스템의 예측 불가능성을 증폭시키고 있다. 더구나 '재생에너지 3020 이행계획'2030년까지 재생에너지 발전 비중 20%, 그리고 온실가스 배출을 빠른 속도로 감소시켜야 하는 LEDS 전략의 이행은 우리나라 전력 계통의 불안정성 위기를 더욱 심화시킬 것이다. 전력 계통의 불안정성은 고부가가치 정밀 제조업 및 디지털 경제 서비스업에 기반한 우리 경제에 큰 위기로 작용할 수 있다.

또한 2020년 5월 초, 연휴와 코로나19로 인한 수요 감소가 겹쳐 전력 수요가 평소보다 크게 낮을 것으로 예상됨에 따라 국내 최초로 전력 수급 균형 유지를 위해 원전 출력 감발 조치를 시행했다. 전력 수요가 낮아진 상태에서 발전기 중 한 기라도 고장나면 계통 주파수가 떨어져 부분 정전을 초래할 수 있다. 이를 방지하기 위해 불시 고장사고가 나더라도 계통 주파수를 안정적으로 유지하려고 신고리 3, 4호기의 출력을 떨어뜨린 것이다.

최초의 원전 감발 조치는 어떤 시사점을 갖는가? 우선, 과거 경제성장을 전제로 한 전원 공급 확대 정책에서 벗어나 새로운 환경변화에 유연하게 대응할 수 있는 전원 구성을 고민할 필요가 있다. 2020년 5월 초는 연휴이면서 연중 냉·난방 수요가 가장 적은 시기였다. 게다가 일사량이 좋아 태양광 발전량까지 많았고, 이에 더해 코로나19가 전력 수요 급감에 주요 요인으로 작용했다. 이로 인해 원전 4기, 석탄 16기가 정비로 가동하지 않았음에도 불구하고 전력 수요보다 공급이 많았던 것이다.

기후변화는 앞으로 전력 수요의 변동성을 더욱 확대하고, 수요 예측을 더욱 어렵게 만들 것이다. 이에 신속하게 대비할 수 있는 전원 구성의 중요성이 더욱 커지고 있다. 코로나19가 아니었어도 우리가 당장 진지하게 고민해야 할 문제인 것이다.

정부는 지속적으로 재생에너지 비중을 확대해나갈 계획이다. 재생에너지, 특히 태양광발전은 우리가 임의로 출력을 조절할 수 없는 경직성 전원이다. 원전 역시 LNG 발전기처럼 출력을 수시로 조절할 수 없어 항상 전출력100% 방식으로 운전하는 대표적인 경직성 전원이다. 그런데 2020년 5월 기준, 원전·태양광 등 출력 조절이나 가동 중단이 곤란한 경직성 전원 비중이 81%에 달하며, LNG 발전기 같은 유연성 전원 비중은 19%에 불과하다. 적어도 출력 조절의 경직성 여부를 기준으로 볼 때 원전과 태양광은 대체재 관계에 있다고 할 텐데, 현재의 경직성 전원 비중이 적절한 것인지 고민할 필요가 있다.

또 하나 중요하게 고려해야 할 점은 재생에너지 중에서도 태양광 발전의 비중이 압도적으로 높다는 점이다. 태양광과 풍력이 적절하게 배분되어 있으면 날씨에 따라 발전량이 집중적으로 증가하거나 감소하는 문제가 조금은 완화될 수도 있다.

한편 이러한 유연성이 요구되는 환경에서 원전 감발 조치가 적절한 수단인가 고민할 필요가 있다. 프랑스, 미국, 일본 등 일부 원전 운영국에서 감발 운전한 선례가 있지만, 프랑스의 경우 원전 비중이 높아 불가피하게 감발 운전했을 뿐이다. 미국의 경우 시험 운영한 경험이 있으나 적절한 안정성 평가 없이 출력 감발 운전한 사유로 미국핵규제위원회의 중지 명령을 받았다. 일본의 경우 현재 원전 감발 없이 태양광 출력 제한으로 수급 균형을 맞추고 있다.

또 다른 측면의 안보위기, 미세먼지

OECD가 2020년에 발간한 『삶의 질How's Life』 보고서에 따르면, WHO가 제시한 초미세먼지 농도 권고치인 $10\mu g/m^3$1세제곱미터당 10마이크로그램에 노출된 한국인은 전체 인구 중 약 99%이고, 권고치의 두 배인 $20\mu g/m^3$ 이상에 노출된 한국인은 전체 인구 중 약 55%였다그림 참조. $20\mu g/m^3$ 이상에 노출된 인구 비중은 OECD 36개 회원국 중 가장 높은 수준이며, 한국 국민의 절반 이상이 WHO 권고치의 두 배가 넘는 심각한 대기오염에 노출되어 있음을 의미한다. C.A. 포프, R.T. 버넷, M.J. 툰과 E.E. 칼레2002의 연구에 따르면, 미세먼지 농도가 증가하면 심폐질환과 폐암으로 사망할 확률이 비례적으로 증가한다.

국가별 초미세먼지 노출 인구 비율

단위 : $\mu g/m^3$ | 기준 2017년 | 자료: OECD, 2020.

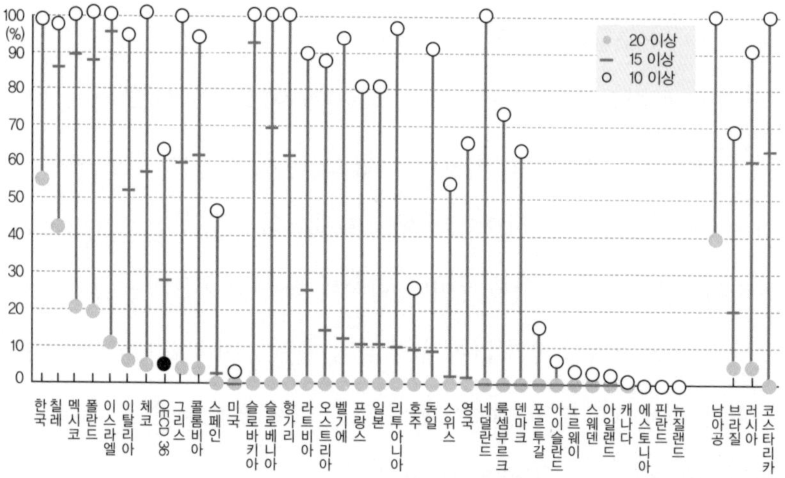

미세먼지는 국민 건강에 피해를 줄 뿐만 아니라 각종 사회적 비용을 초래한다. 현대경제연구원에 따르면, 2018년 한국의 미세먼지로 인해 발생한 경제적 손실은 4조 원에 달한다정수연, 2019.3.17.. 이러한 손실은 주

로 미세먼지로 인해 실외 생산활동에 제약이 생기거나 매출이 하락함으로써 발행한다. 이 때문에 미세먼지는 '새로운 안보위기'로 인식되고 있으며, 국가 안보 차원에서 미세먼지에 대한 대책을 강구해야 한다는 목소리가 높아지고 있다. 정부는 석탄발전 감축 정책을 적극 추진하고, 친환경차 보급 확산 및 산업 부문의 미세먼지 문제해결을 위한 기술개발 및 공정개선 등 관련 지원을 하고 있다. 또한 반기문 위원장이 있는 국가기후환경회의도 설립하여 다방면으로 미세먼지 저감 정책을 실시하고 있다. 2020년은 코로나19로 인해 미세먼지 이슈가 잠잠했다. 그러나 코로나19가 장기화되면서 경제적 활동이 다시 증가함에 따라 미세먼지가 급속히 증가할 것이다. 미세먼지는 에너지·산업·수송 등 우리의 생활 전반에 걸쳐 영향을 미친다. 깨끗한 공기 또한 우리의 '안보'가 되었다.

잠깐

재생에너지, 우리나라에서 가능한 대안인가?

태양광, 풍력 등 재생에너지는 화석연료와 달리 발전과정에서 온실가스 배출이 없고, 연료비도 들지 않으며, 원전이나 화력발전에 비해 두 배 이상의 고용 창출 효과가 있는 것으로 알려져 있다. 다만 아직까지 화석연료에 비해 떨어지는 경제성, 날씨에 따른 간헐성, 설비용량 대비 낮은 이용률, 계통 안정성 등 극복해야 할 과제도 만만치 않은 것이 사실이다.

일부에서는 땅이 넓고 일사량이 많은 해외에 비해, 산지 위주의 좁은 국토, 계절에 따라 변화무쌍한 날씨 등을 가진 우리나라는 애초에 재생에너지와는 궁합이 맞지 않는다고 한다. 그 때문에 지금의 재생에너지 보급속도가 너무 빠르다는 주장까지 나오는 실정이다.

그렇다면 재생에너지의 장단점과 우리의 여건을 종합적으로 감안했을 때, 과연 재생에너지가 우리나라 에너지의 미래가 될 수 있을까?

우리 재생에너지 보급이 과속이라고?

우선 미래를 말하기 전에, 몇 가지 지표로 현재 우리 상황을 객관적으로 진단해보자. 일부에서는 재생에너지 과속 논란을 제기하고 있지만, 국제에너지기구IEA 등에 따르면 우리나라 재생에너지 설비용량2018년 14GW은 일본의 약 1/7, 중국의 1/50에 불과하며, 발전 비중2019년 4.9%도 일본의 1/4, 중국의 1/5 수준에 머무르고 있어 주변국에 비해

한참 뒤처져 있는 것이 냉엄한 사실이다.

그나마 이 정도 성적도 2017년 말에야 최초로 재생에너지만을 별도로 한 설비·발전 비중 목표를 세운 '재생에너지 3020 이행계획'을 수립하면서 지난 몇 년 간 태양광·풍력 보급에 박차를 가한 결과란 점을 유념해야 한다. 달리기로 치면 우리는 다른 선수들에 비해 출발이 늦어서 한창 속도를 높여도 모자랄 판국인데, 난데없는 과속 논란은 제대로 달리지도 못하게 옷자락을 잡아끄는 격이다.

재생에너지를 보급하기에는 땅이 좁고 일사량이 적다?

재생에너지를 보급하기에는 우리나라의 땅이 좁고 일사량이 적다는 우려도 있다. 물론 전통 발전원과 비교했을 때, 동일한 용량의 발전을 하기 위해 재생에너지 설비에 더 큰 면적이 필요한 것은 사실이다. 그러나 현재 기술태양광 효율 14%로도 국내 재생에너지 입지 잠재량시장 잠재량 기준 360GW은 3020 목표 달성신규 48.7GW에 충분한 수준이며, 앞으로 기술혁신으로 태양광 등의 설비효율이 향상될 경우 동일 면적에서 생산 가능한 전력도 늘어나면서 입지 잠재량은 비약적으로 증가할 것으로 전망된다.

또한 태양광 이용률을 결정하는 일사량의 경우, 국제에너지기구에 따르면 우리는 중국태양광 1위과 유사하고, 일본3위이나 독일4위보다 오히려 나은 수준이다. 게다가 태양광 세계 1~3위 중에는 미국이 2등일 뿐, 1위는 중국, 3위는 일본이다. 공교롭게도 글로벌 태양광 선도국들이 지리적으로 우리와 가깝고, 기후여건도 비슷한 이웃이란 점은 우리도 충분한 가능성이 있다는 반증 아니겠는가?

재생에너지 확대의 이득, 우리 기업이 가져올 수 있을까?

우리가 입지 잠재량이나 일사량 등의 측면에서 재생에너지를 해볼 만하다고 해도, 재생에너지 확대의 과실을 다른 나라 기업들이 다 가져가 버린다면 그것도 문제다.

그러나 우리는 태양광 분야에서 선진국 시장점유율 1위를 달리는 기업과 최고 수준의 기술을 보유하고 있고, 규모의 경제를 앞세워 세계 태양광 시장의 80%모듈 기준를 장악한 중국의 압도적 공세 속에서도 세계에서 유일하게 70% 내외의 내수점유율을 유지미국은 자국산 모듈 비중이 6%, 인도는 7%, 일본은 약 18% 중이다. 비록 중국에 밀려 상대적으로 부가가치가 떨어지는 폴리실리콘 등 태양광 소재 분야에서는 사업이 축소되었으나, 오히려 이는 우리 태양광 생태계를 고부가가치 셀, 모듈 중심으로 재편하는 기회가 되고 있다.

풍력은 선진국에 비해 기술수준이 80%로 평가되나, 풍력 타워나 해상 풍력용 내압전선 등에서 국내 기업들의 활약상이 두드러진다. 특히 우리는 발달된 기계산업 등을 바탕으로, 앞으로 터빈이나 너셀 등 핵심 부품 국산화에도 적극 나설 예정이므로 성장 잠재력은 충분하다고 볼 수 있다.

재생에너지의 간헐성은 어떤가?

물론 안정적 공급이 최우선 과제인 전력 분야에서 재생에너지의 간헐성은 커다란 약점이다. 그러나 에너지 저장장치 수소 ESS 보급 확대, 고도화된 발전량 예측기법을 통한 운영 최적화 등 보조수단의 발달로 이런 재생에너지의 단점도 충분히 극복 가능하다는 점이 속속 증명되고 있다.

대표적으로 데이터센터 운영이나 반도체 공정에는 24시간 안정적으로 전력을 공급해줘야 하는데, 미국의 구글과 대만의 반도체 기업 TSMC는 이미 전력의 100%를 재생에너지로만 사용하거나, 사용할 예정이다. 다행히 우리는 에너지 저장장치에 쓰이는 배터리 분야에서 세계 최고 수준의 경쟁력을 가지고 있고, 정보통신기술 ICT 과 재생에너지를 결합해 발전소 운영 등을 최적화하는 에너지 혁신 기업들도 속속 등장하고 있다.

특히 2021년부터 시행되는 녹색 프리미엄, 제3자 전력구매계약 PPA 등 RE100 재생에너지 100% 이행 지원 제도는 이러한 혁신을 더욱 촉진하게 될 것이다.

재생에너지는 경제성이 있을까?

재생에너지의 또 다른 약점으로 지적되어온 경제성의 경우, 재생에너지 설비가 많이 보급된 영국 등은 이미 보조금 없이도 공급비용이 화석연료와 경쟁 가능한 수준으로 낮아졌다. 우리나라도 태양광발전 비용이 지속적으로 하락하는 가운데, 에너지 전문기관들은 2020년대 후반이면 대규모 태양광의 경제성이 원전보다 우월해질 것으로 전망하고 있다.

재차 강조하지만, 재생에너지는 완벽한 에너지원이 아니다. 그리고 매우 급격하게 확대할 수 있는 에너지원도 아니다. 해외의 잘나가는 재생에너지 사례를 우리에게 무조건 일반화하는 것도 곤란하다. 그러나 부존자원이 없는 대신 기술력이라는 강점이 있는 우리나라 입장에서 기술혁신을 통한 단가 저감, 효율 향상이 중요한 재생에너지는 충분히 승산이 있는 분야이다.

혁신은 이미 시작되었다. 지난날 일본을 소재·부품·장비 대국으로 만든 배경에는 전후 창업을 장려하는 사회적 분위기와 함께, 정부 차원의 남극탐험, 우주개발 등 거대 프로젝트를 통한 기술 축적이 있었다고 한다 문준선, 『포스트 한일경제전쟁』, 2020 .

우리도 알키미스트 프로젝트[04]를 통한 세계 최고 효율 태양전지 개발, 세계 5대 해상 풍력 강국 도약을 위한 대규모·부유식 풍력 부품 및 시스템 국산화 등 재생에너지 분야에서 과감한 도전에 나서고 있다. 이 도전의 성공은 에너지 전환을 넘어, 우리에게 제2의 반도체로서 재생에너지라는 성장동력을 안겨줄 것이다.

04 산업통상자원부에서 2019년부터 산업적 가치를 가진 도전적 기술개발을 목표로 시행중인 프로젝트이다. 성공 가능성은 낮으나 혁신적인 기술개발에 도전할 수 있도록 지원한다.

우리나라 에너지 산업의 국제 경쟁력 위기

에너지 산업의 현 상황

우리나라 에너지 산업은 기후변화 대응과 에너지 신산업 육성을 위한 적절한 구조를 갖추지 못하고 있는 실정이다. 사실 우리나라는 2000년대에 전력 공급의 효율성 제고, 중장기 전력 공급 안정성 확보, 소비자 선택권 확대를 통한 편익 증진을 위해 전력산업의 발전 부문, 도매 부문, 소매 부문에 경쟁을 도입하고 자유화하는 구조개편을 추진했다. 하지만 아쉽게도 발전 부문을 분리하는 단계에서 구조개편이 중단된 상태이다.

기후변화에 효과적으로 대응하고 에너지 신산업을 창출하려면, 에너지 신기술과 빅데이터가 적극적으로 활용되어 기존 에너지 산업과 시너지를 창출해야 한다. 그러나 시간대별 비용이 반영되지 않는 왜곡된 전력요금 제도, 판매 부문의 독점적 지배구조, 에너지 정보의 독점화 등은 에너지 신산업 창출의 걸림돌이 되고 있다. 특히 전력과 가스 판매에 대한 독점적 시장 지배구조는 에너지 산업의 발전을 저해하는 동시에 소비자의 선택을 제한해 후생비용을 초래하고 있다. 아울러 전력시장에서 발전과 판매 겸업 금지로 발전사와 판매사가 모두 재무적 리스크에 노출되어 있어 신산업 창출에 장해 요소로 작용하고 있다에너지경제연구원, 『신에너지 정책 방향 연구』, 2017.

잠깐

우리나라의 에너지 시장 구조

1961년 7월 1일 구舊 전기 3사조선전업·남선전기·경성전기를 통합하여 '한국전력주식회사한국전력공사'가 설립되었다. 이후 한국의 전력산업은 한국전력공사의 독점체제로 운영되어왔다. 한때 전력이 남아돌면 수요개발본부를 설치하고 새로운 할인요금 제도를 도입하는 등 적극적인 판매촉진 활동을 펼쳤는가 하면, 석유 파동으로 자원 수급이 어려워지고 전력 사정이 악화되자 전력사용합리화운동본부를 설치하여 범국민적 에너지 절약운동을 전개했다한국전력공사 홈페이지.

전력 분야에서 보듯, 한국의 에너지 분야는 석유·가스·석탄·신재생 등 원별 법령에 따라 수급구조를 관리하고 있으며, 수요 분야는 에너지이용합리화법에 따라 정책을 수립·집행하고 있다. 또한 원별 에너지 법령에 따라 공기업한국전력공사·한국가스공사·한국석유공사·대한석탄공사·한국광물자원공사·한국에너지공단 등을 설립·운영중이다.

에너지 분야 법률 예시 자료: 신재생에너지 개발·이용·보급 촉진법, 집단에너지 사업법 등

공급				수요
석유	가스	석탄	전력	에너지이용 합리화법
석유 및 석유 대체연료 사업법	도시가스사업법	석탄산업법	전기사업법 전원개발촉진법	

구체적으로 석유 분야를 보면, 정부가 수급을 전담하지 않고 민간 정유업체들이 국제 시장으로부터 직접 도입해서 공급하는 자율시장 체계가 구축되어 있다. 다만 한국석유공사는 90일분을 비축하여 비상시에 대응하고 있다.

가스 분야는 한국가스공사가 도매를 대부분 독점하면서 소매 부문에 한해 민간기업인 도시가스 업체들34개이 지역별 소매를 독점하고 있으나 자가 소비용 직수입이 지속적으로 증가하는 추세이다. LNG 구매량으로 세계 2위인 한국가스공사는 세계 각국에 투자하고 수입선을 다변화하여 위험에 대비하고 있다. 석탄 분야는 사용량 대부분이 유연탄이고, 소비자가 직접 수입해서 사용하고 있으며, 국내 생산된 소량의 무연탄은 주로 난방용연탄으로 소비되고 있다.

전력 분야는 현재 다수 발전 사업자가 도매시장에 전력을 공급하고 한국전력공사가 송배전과 판매를 독점 운영하는 구조이다. 구역 전기 사업자가 특정 지역을 대상으로 전력을 공급하고 있으나 비중은 미미한 상황이다.

전력시장의 구조

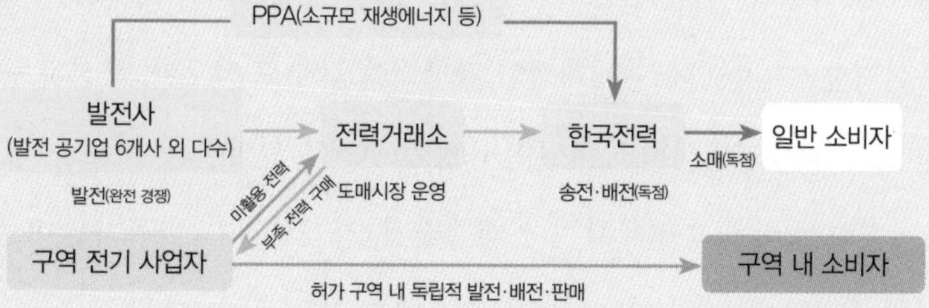

현재의 공기업 구조는 해방 이후 우리의 경제성장을 뒷받침하며 저렴하고 안정적인 에너지 공급을 추진해온 결과물이다. 에너지 불모지였던 우리나라에 인프라를 공급하고, 에너지 수급에 대한 위기가 발생할 때마다 기존 거래선을 활용한 추가 구매 및 다른 나라와의 스왑Swap을 통해 공급 중단 위기를 해결해왔다. 또한 수급 예측 모형을 정교하게 수정하여 불확실성에 대응을 강화하고 있다.

재생에너지 산업의 경쟁력

재생에너지 기술과 관련된 우리 산업의 경쟁력은 아직 정체 상태에 있는 실정이다. 후발주자인 중국은 자국 산업의 보호를 위한 각종 혜택 및 보조금 정책 추진으로 대규모 내수시장을 확보했고, 이로 인해 규모의 경제를 달성하여 경쟁력을 확보했다. 또한 유럽 및 미국은 혁신적 신기술 및 차별화된 서비스 제공으로 세계 시장에서 경쟁력을 갖추었다. 안타깝게도, 우리나라는 재생에너지 기술의 가격이나 혁신성 측면에서 아직 독보적인 입지를 확보하지 못하고 있다. 그렇지만 우리나라는 정보통신기술ICT 분야에서 세계적인 경쟁력을 갖추고 있으며, 통신과 융합된 에너지 기술과 서비스 사업이 유망할 것으로 전망된다.

전력 소비자 측면에서는 신재생발전, 전기차, 수요반응자원DR, 에너지 저장장치ESS가 연계되어 부가가치를 창출하는 BTMBehind-the-meter 시장, 그리고 전력 공급자 측면에서는 재생에너지 출력 간헐성을 해

재생에너지 기술과 관련된 우리 산업의 경쟁력은 아직 정체 상태에 있는 실정이다. 그렇지만 우리나라는 정보통신기술(ICT) 분야에서 세계적인 경쟁력을 갖추고 있으며, 통신과 융합된 에너지 기술과 서비스 사업이 유망할 것으로 전망된다.

결하고 전력 수급 균형을 맞추기 위한 에너지 저장장치 보조 서비스 및 발전 중개사업, 가상발전소VPP가 연계되어 부가가치를 창출하는 FTMFront-the-meter 시장에서 세계적인 경쟁력을 확보할 수 있을 것으로 보인다. 그러나 경직적인 에너지 산업구조와 과도한 전력요금 규제는 신산업의 창출을 가로막아 상당한 기회비용을 초래하고 있다.

탄소 배출 제한과 국내 산업의 위기

에너지 산업은 물론이고, 수출 의존도가 높은 우리나라에서 산업 전반에 걸쳐 경쟁력의 위기가 커지고 있다. 기후정책 선도국가의 비관세 장벽으로 인해, 우리나라 제품의 환경 성능을 적극적으로 개선할 필요가 있다. EU는 전 세계에서 가장 엄격한 수준의 탄소 배출 기준을 가지고 있으며, 완성차 기업의 탄소 배출 목표 수치를 단계별로 설정해왔다. 구체적으로, EU가 규정하는 자동차 판매 대수당 연평균 탄소 배출량 상한선은 1킬로미터당 2015년 130그램, 2021년 95그램이다. 그리고 2025년까지 2021년 대비 약 15% 감축, 2030년까지 30% 이상의 감축 목표를 발표했다박소영, 2019.1.7.. 이러한 탄소 배출 기준 강화는 도시의 대기환경을 개선하고 자동차의 연비를 효과적으로 개선하기 위함이다. 이는 유럽 시장에 자동차를 수출해온 국내 기업들에게 위기로 작용할 수 있다.

다음의 표는 유럽 시장에서 자동차를 판매하고 있는 기업들의 과거 이산화탄소 배출량, 2021년 목표치, 그리고 2021년 예상 벌금 부과액을 보여준다. 한국 현대-기아차의 2021년 이산화탄소 배출 목표치는 1킬로미터당 93.4그램인데, 실제로는 101.1그램이 되어 EU의 상한선 기준을 상회할 것으로 예상된다. 추산 벌금은 2018년 영업이익의 28.9%에 해당하는 금액인 약 8억 유로약 1조 원이다.

2020년 초 EU는 탄소국경세 도입을 발표했다. 탄소국경세가 도입되면 탄소 배출규제가 EU보다 상대적으로 약한 국가가 EU에 상품이나 서비스를 수출할 때 관세를 적용받게 된다. 탄소 배출규제가 약한 나라에서 강한 나라로 수출이 이루어질 때는 사실상 탄소의 이동이 발생하게 된다. 탄소 배출규제의 논리는 첫째, 환경오염 물질을 배출한 당사자가 직접 비용을 부담해야 하며, 둘째, 탄소 배출원이 규제가 약한 국가로 이전할 때 발생하는 탄소 누출 현상을 방지해야 한다는 것이다.

유럽 시장에서 자동차 기업들의 CO_2 배출량 및 예상 벌금액

자료: PA 컨설팅, 2020[01]

		실제 데이터(g CO_2/km)				예상 데이터			
2021년 예상 순위	자동차 기업	2016년	2017년	2018년	2021년 목표	2021년	편차	2021년 예상 벌금	
1	도요타	105.5	103.1	100.9	94.9	95.1	0.2	1,800만유로	총 146억 5,500만 유로
2	PSA	110.4	111.9	113.9	91.6	95.6	4.0	9억 3,800만유로	
3	르노-닛산-미쓰비시	111.2	111.7	108.2	92.9	97.8	4.9	10억 5,700만 유로	
4	현대-기아	124.7	121.5	118.9	93.4	101.1	7.7	7억 9,700만유로	
5	폭스바겐	120.4	121.5	121.1	96.6	109.3	12.7	45억 400만유로	
6	BMW	122.9	121.5	123.6	102.5	110.1	7.6	7억 5,400만유로	
7	포드	120.0	120.8	122.7	96.6	112.8	16.2	14억 5,600만유로	
8	다임러	125.3	127.0	130.4	103.1	114.1	11.0	9억 9,700만유로	
9	혼다	126.5	127.2	126.8	94.0	119.2	25.2	3억 2,200만유로	
10	피아트-크라이슬러(FCA)	120.0	119.9	125.4	92.8	119.8	27.0	24억 6,100만유로	
11	볼보	121.5	124.4	129.5	108.5	121.0	12.5	3억 8,200만유로	
12	마쓰다	127.7	130.8	134.8	94.9	123.6	28.7	8억 7,700만유로	
13	재규어-랜드로버	150.0	151.7	151.5	130.6	135.0	4.4	9,300만 유로	

* NEDC, ICCT 데이터, EEA 데이터 등 데이터 기반으로
2018년까지의 실제 데이터 및 PA 예측 추정치 기반

< 0 | 0–2 | > 0

탄소국경세는 탄소 저감에 소극적인 국가에 불이익을 줌으로써 적극적인 동참을 이끌어낼 수 있다는 장점이 있지만, 탄소 배출규제가 약한 국가는 주로 개발도상국이라는 점을 고려해볼 때, 탄소국경세로 이익을

탄소 배출 기준 강화로 인해 에너지 산업은 물론이고, 수출 의존도가 높은 우리나라에서 산업 전반에 걸쳐 위기가 커지고 있다.

보는 주체는 사실상 선진국들뿐이라는 반론도 존재한다.

또한 탄소국경세는 탄소 집약도와 수출 비중이 높은 산업들에 큰 위기가 될 수 있다. 이에 한국 정부는 EU의 탄소국경세 도입에 대응하기 위한 방안을 마련하고 있다. 한국은 수출물품을 고려해볼 때 '탄소 순수출국'으로 분류될 수 있으며, 특히 운송장비와 전자장비 산업이 EU 탄소국경세의 직접적인 영향 아래에 놓일 수 있다오세경, 2020.3.5..

요컨대 세계 에너지 시장뿐만 아니라 국내 에너지 시장은 지금 큰 변화의 한가운데에 있다. 크고 작은 많은 위기와 변화들이 점차 복합적으로 확대되고 있다. 이러한 상황 속에서 블랙타이드 시대의 거대한 위기가 찾아온다면 그 파급력은 상상하기조차 어렵다.

에너지 전환은 첨예한 이해관계로 인한 갈등 때문에 오랜 시간이 걸릴 것이다. 따라서 위기 발생 이전에 철저한 준비가 필요하며, 위기에 긴급하게 대처하고 오히려 도약의 기회로 삼아야 한다. 에너지를 통한 탄력성장은 우리에게 새로운 경제 모멘텀을 제공하고 굳건한 국가 경쟁력을 제공해줄 것이라 확신한다.

4장

탄력성장을 위한 에너지 정책 대전환

초불확실성의 시대에는 기존의 계층적 혹은 중앙집중적 정책 집행 방식으로는 한계가 있다. 규모의 경제 효과나 공급 안정성을 강조하는 전통적인 에너지 공급 시스템 아래에서는 중앙정부의 역할이 절대적이며 계층적 정책 집행이 효과적일 수 있다. 그러나 기후변화 대응, 국민 안전 우선 및 국민 수용성을 중요시하는 에너지 전환 시대에는 새로운 에너지 공급 시스템이 필요하다.

1

에너지 분야의 탄력성장

에너지 분야에서 성장 탄력성을 언급하기 위해서는 우선 성장 탄력성 대상에 대한 범위부터 정해야 한다. 즉, 에너지 공급 서비스가 탄력성이 높거나, 혹은 낮다고 언급하기 위해서는 에너지 생태계에 대한 이해가 선행되어야 한다. 이를 위해서 우리나라의 에너지 수급 시스템을 살펴보자.

우리나라는 1차 에너지의 94%를 수입에 의존하고 있으며, 전환발전 부문에서 24%의 손실을 감수하면서 최종 에너지를 소비하고 있는 구조이다.

에너지 산업을 물리적 흐름으로 살펴보면, 에너지 공급 시스템, 에너지 전환 시스템 및 에너지 소비 시스템으로 구분해볼 수 있다. 그리

우리나라의 에너지 수급 시스템 기준: 2018년 | 자료: 에너지경제연구원, 『2019에너지통계연보』 수정편집.

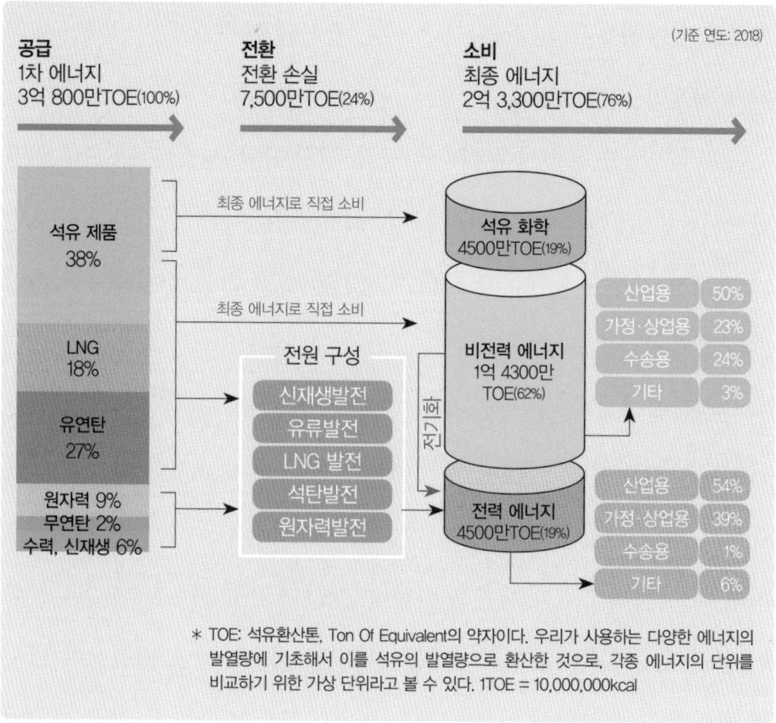

고 이러한 시스템들이 유기적으로 연계될 수 있도록 다양한 이해관계자공급자, 소비자, 규제기관, 시장 등가 에너지 생태계를 운영하고 있다. 또한 자본집약적 설비산업의 산물인 에너지 수급 시스템은 변화하는 데 상당 기간이 필요하며, 중장기 계획에 의하여 에너지 수급 계획을 수립하여 점진적으로 변하는 특징이 있다. 즉, '에너지기본계획', '전력수급기본계획' 및 '장기 천연가스 수급계획', '신재생에너지 기본계획' 등 15~20년 중장기 계획을 수립하여 에너지 산업을 설계하고 있다. 따라서 에너지 수급 시스템을 구성하는 물리적 구조물뿐만 아니라 이를 계획하고 실행하는 모든 활동, 혹은 이와 관련된 이해관계자 전체가 에너지 생태계라 할 수 있다.

에너지 성장 탄력성은 에너지 공급·전환·소비 시스템 등 생태계 전반에서 이루어져야 한다. 어찌 보면 에너지 분야에서 위기가 찾아오면 그 피해가 엄청나기 때문에 생태계 전반을 보고 미리 준비하는 역량이 제일 중요하다고 하겠다.

예를 들어보자. 한국에서 9월 중순은 여름을 지나 선선한 날씨로 접어드는 시기이다. 여름에 한창 높아졌던 전력 수요가 낮아지지만 대규모 전원의 예방 정비 발전기를 끄고 터빈 등에 대한 청소나 점검을 하는 행위 를 하며 이 시기에 겨울나기를 준비한다. 그러나 2011년 9월 15일은 상황이 달랐다. 갑자기 한여름 날씨를 방불케 하는 이상 고온현상이 발생한 것이다. 보통 9월의 기온은 28도 이하에서 유지되는데, 그날 최고기온은 5도나 더 높은 33도였다. 예측하지 못한 전력 수요 증가로 인해서 유례없는 정전이 발생하며 '9.15대정전'이 일어났다. 전국적인 블랙아웃을 막기 위해 5시간 정도의 지역 13개 지역 급전소 순환 정전을 시도했으나, 병원·건물·산업체 및 사회 기반 시설뿐만 아니라 750만 가구가 정전을 겪게 되어 집계된 피해액만 620억 원에 달했다. 다행히 저녁시간 18시경 에 기온이 하락하면서 별다른 인명 피해는 없었지만 대규모 블랙아웃이 될 뻔한 아찔한 순간이었다. 이후 정부는 전력 예비력 관리를 더욱 강화하여 현재는 오히려 전력 예비력을 과다할 정도로 보유하고 있는 상황이다.

에너지 공급이 멈추면 우리의 일상이 멈춘다. 공기처럼 익숙하게 사용하고 있는 인터넷이나 휴대폰도 쓸 수 없게 된다. 에너지는 우리 사회의 경제와 산업, 문화, 모든 면에서 가장 근간을 이루는 중요한 기반이기에 에너지 공급에 문제가 생기면 에너지원을 기반으로 사용하고 있는 모든 것이 멈추게 되는 것이다. 이러한 상황을 대비하고, 위기가 왔을 때 기회로 잡기 위해서는 에너지 분야의 성장 탄력성을 키우고 좀 더 강인한 에너지 시스템으로의 전환과 혁신이 필요하다.

넷제로: 탄력성장의 가능성

1964년 4월 1일, 북한의 단전으로 계속되던 제한 송전 조치가 해제되었다. 우리나라가 전력난 해소와 안정적 전력 수급을 위해 1962년부터 추진한 제1차 '전원개발 5개년계획' 수립 2년 만이었다. 하지만 1967년 전력 예비율이 0.9%로 떨어져 무제한 송전은 다시 제한 송전으로 바뀐다. 이후 우리나라는 다양한 분야에서 지속적으로 전화電化사업을 추진했고, 1987년이 되면서 전력 보급률이 99.8%에 이르게 된다. 명실공히 세계 제1의 전기 보급률을 자랑하게 된 것이다. 2016년에는 〈포브스〉가 선정한 100대 기업 중 한국전력공사가 97위를 기록했고, 전력 부문에서는 1위를 기록하며 우리나라가 세계 최고의 전기회사를 보유했음을 증명했다. 과연 척박했던 1960년대에 지금의 모습을 상상이나 할 수 있었을까?

2020년 10월 28일 문재인 대통령은 국회 시정 연설에서 "국제 사회와 함께 기후변화에 적극 대응해 2050년 탄소중립넷제로을 목표로 나아가겠다."고 언급했다. 이어 12월에는 '탄소중립 비전 선포식'을 통해 한국의 '넷제로'를 처음으로 선언했다. 탄소 없는 사회는 발전·수소·산업 등 전 분야에 막대한 투자를 해야 가능하다. 그러한 투자는 국민들에게 많은 비용 부담을 요구할 것이다. 넷제로는 에너지 탄력성장의 좋은 예가 될 수 있어야 한다. 발전 부문에 재생에너지 비율을 과감히 높이고 그에 따른 간헐성을 보완해나가야 한다. 내연기관 자동차를 친환경 자동차로 바꾸기 위해 기술개발과 관련 인력들을 전환하고 보강해야 한다. 또한 산업 부문의 화석연료 사용을 대폭 줄여나가야 한다. 어려운 일이다. 넷제로 달성을 위한 일련의 노력들이 탄력성장으로 발전할 수 있게 차근차근 준비하고 추진해야 할 것이다.

에너지 위기 준비 역량

위기가 오기 전에 예측하여 대비할 역량을 갖추어야, 위기가 도래했을 때 즉각적으로 충격을 완화하고 극복할 수 있다. 이러한 준비 역량은 위기의 피해를 완화하여 최소화할 수 있음과 동시에 결과적으로 도약 역량의 초석이 되기도 한다.

준비 역량은 발생 가능성은 희박하지만 발생하면 동시다발적으로 광범위한 충격을 가하는 블랙타이드에 대한 대응전략을 중장기적으로 수립하고, 비용 효과적으로 마련하여 수행하는 것이다. 그 과정에서 도약 역량이 될 요인들의 우선순위를 정하여 적극적으로 추진하는 것도 중요하다.

이러한 관점에서 다섯 가지 중요한 준비를 제안한다. 그것은 바로 ① 상시 위기 진단·평가 시스템 강화, ② 에너지 및 자원 수급 안정성 향상, ③ 온실가스 감축 정책 수립과 이행, ④ 통계 데이터베이스 구축, ⑤ 지역 수용성 강화이다.

탄력적 위기대응 역량

탄력적 위기대응 역량은 실제 충격이 발생한 이후에도 에너지 서비스를 지속적으로 공급할 수 있는 역량이다. 에너지 위기가 발생했을 때, 피해를 최소화할 수 있도록 사전에 탄력적 위기대응 시스템을 구축하고 이를 상시 운영·관리해야 한다. 이를 위해서는 ① 위기대응을 위한 의사결정 기반 강화, ② 분산 에너지원의 확대, ③ 위기대응을 위한 에너지 전력시장 제도 개편이 필수적인 요소이다.

에너지 도약 역량

에너지 도약 역량은 에너지 위기대응을 넘어서 에너지 시스템의 혁신과 재구성을 통해 탄력성장을 하는 역량이다. 에너지 시스템을 혁신 및 재구성하고 한 단계 높은 서비스를 제공할 뿐만 아니라 에너지 생태계 자체가 한 단계 성장하는 것이다. 블랙타이드가 에너지 생태계에 가해지면 시스템 내부적인 취약성Vulnerabilities과 결합하여 일시적으로 서비스 공급에 장애가 발생한다. 이후 공급 시스템 자체의 회복력을 기반으로

에너지 산업의 탄력적 도약 역량 예시

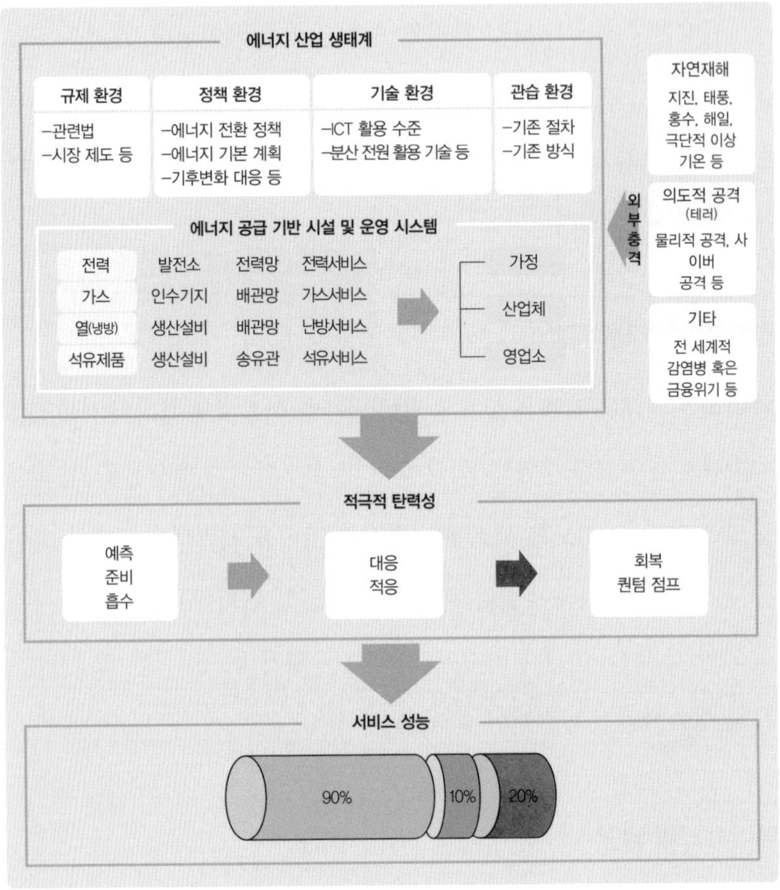

이전 서비스 수준의 90% 혹은 100% 미만을 제공하는 것이 일반적인 위기 극복 과정이다.

그러나 도약 역량을 구비하고 있으면, 이전 서비스 수준의 100%를 초과하는 수준의 서비스를 제공할 수 있다. 그 과정에서 산업 내부적으로는 혁신 산업화를 통한 서비스 수준 향상을, 외부적으로는 수출 산업화를 통한 산업 성장을 추구한다. 이러한 에너지 분야의 도약 역량을 갖추기 위해서는 에너지 산업을 경제와 산업의 조력자 역할로만 보던 그동안의 시각을 버리고 산업 자체로서 보아야 한다. 그리고 이러한 변화를 기반으로 ① 에너지 전환과 에너지의 혁신 산업화, ② 에너지 신산업 수출 확대, ③ 탄력적 에너지 거버넌스를 갖추는 것이 필요하다.

2

위기 완화를 위한 준비 역량

상시 위기 진단·평가 시스템 강화

"2차 세계대전 이후로 많은 위기가 에너지 공급 체계를 어지럽혔다. 그리고 대부분 예기치 못한 혼란이었다. 다음 위기는 어디서 터질까? …… 따라서 위험을 다각도로 분석하고 대비하여 적절히 대응할 탄력성을 확보하는 것이 시급하다. 후쿠시마 원전 재앙에 관한 일본 정부의 보고서도 '평소에 준비를 했다고 해서 막을 수 있는 일은 아니었다.'고 선을 그었지만 그래도 사건이 터진 후에 우왕좌왕하는 것보다는 그 편이 나을 것이다." 다니엘 예긴, 『2030 에너지 전쟁』 서문 중에서, 올, 2013.

앞서 소개했듯이 세계 정치·경제·사회의 대전환과 국내외 에너지 시장의 변화로 우리나라 에너지 부문은 다양한 위기를 상시적으로 경험하게 될 것으로 전망된다. 특히 지구 온난화와 폭염 및 폭우 등 이상 기후의 강도와 빈도 증가를 포함한 기후변화 현상은 우리나라 에너지 시스템에 대한 중대한 위기 요인으로 작용할 것이다. 그뿐만 아니라 기후변화 완화를 위한 국제 사회의 노력에 동참하기 위해 우리나라 역시 재생에너지 비중을 큰 폭으로 확대해나갈 계획인데, 이로 인해 우리 에너지 시스템은 증가하는 에너지 수요의 상당 부분을 출력 변동성이 큰 재생에너지원으로 충족해야 한다. 따라서 이와 같은 각종 위기 요인에 대해 탄력적으로 대응할 수 있는 사회적·기술적 체계를 구비해야 한다.

제안 1. 장기적 에너지 위기 진단과 평가 및 대응 체계 수립

우리에게 도래할 에너지 위기에 효과적으로 대응하기 위해서는 무엇보다 정권을 초월한 장기적 에너지 위기 진단과 평가 및 대응 체계를 공고히 해야 한다. 이를 위해 '국가 에너지 위기 진단, 평가 및 대응에 관한 법률' 제정을 제안한다. 이 법률은 에너지 위기관리의 기본 원칙과 필요한 절차를 법제화하며, 체계적이고 효율적인 위기관리를 통하여 상시화된 위기 가운데 국가 에너지 산업의 안정적인 발전과 국민의 후생 증대에 기여하는 것을 그 기본 목적으로 해야 한다. 이 법률은 에너지 수급에 대한 위기, 에너지 전환 이행에 따른 위기, 기후 및 환경 영향에 따른 에너지 위기, 에너지 정책 수용성 위기, 그리고 에너지 산업의 경쟁력 위기 등을 그 세부 적용 대상으로 지정한다.

법률은 위기관리의 기본적 원칙을 명시하는데 ① 사전적 위기 완화 수단을 동원해 위기를 적정수준으로 통제하고Risk Mitigation, ② 잔여 위기에 대한 대응과 적응Response & Adaptation 수준에서 비용과 편익의 균형을 추구해야 하며, ③ 위기관리에서 표준화된 위기대응 절차를 따를 것을 명문화한다.

위기대응 절차는 발생 가능한 우리나라 에너지 위기의 실체와 소재를 파악하는 위기 인식Awareness과, 부문별로 위기 측정방법을 선정해 그 위기를 정량적으로 평가하고Assessment, 평가된 위기에 대한 대응 계획을 수립하며Planning, 수립한 위기대응 계획을 이행해Implementation, 마지막으로는 위기수준을 감시하고 그 결과를 정기적으로 보고Monitoring & Reporting하는 절차를 따르는 것이 바람직하다. 특히 위기의 평가에서는 객관적이며 합리적인 기준에 기반한 계량화된 방법을 활용해야 하고, 정기적으로 그 평가방법의 타당성을 검토해야 한다.

제안 2. 국가 에너지 위기 평가위원회 설치

국가 에너지 위기대응을 위한 법률 제정과 함께 위기대응에 관한 일련의 활동을 상시로 수행하기 위해 '국가 에너지 위기 평가위원회' 설치를 제안한다. 이는 '국가 에너지 위기 진단, 평가 및 대응에 관한 법률'에 근거한 위기 평가기구로, 범부처 협력을 촉진하기 위해 국무총리실 산하에 두는 것이 바람직하다. 위원회는 산업통상자원부, 기획재정부, 환경부, 국토교통부와 같은 유관 부처의 위기관리 책임자는 물론, 대학 및 정부출연기관의 에너지 산업·기후환경·무역통상·안보 분야 전문가를 민간위원으로 위촉한다. 위원회의 활동은 외부에 투명하게 공개하는 것을 원칙으로 하되, 국가안보에 직결되는 사안에 대해서는 선택적으로 공개할 수 있도록 해야 한다.

제안 3. 위기대응 통합자원계획 수립

국가 장기 에너지 계획 수립에서 각종 미래 위기 발생과 이에 대한 대응을 고려한 에너지 계획으로 전환할 것을 제안한다. 특히 우리나라의 '국가에너지기본계획', '전력수급기본계획', 각종 자원 개발계획이 그동안 취해온 기존의 최소비용 계획법 접근을 수정해야 한다. 미래의 감염병, 미·중 갈등, 기후변화, 극단적 기상사태에 대한 에너지 부문의 강인력을 유지하는 탄력적 위기대응 계획이 반영되어야 하기 때문이다. 즉, 에너지 생산 자원과 소비 자원을 최적 배치하는 가운데 미래 에너지 수요를 효과적으로 충족시키는 기존의 '통합자원계획IRP'[01] 개념을 확장해, 에너지 부문의 주요 위기와 이를 완화하는 정책 시나리오 아래에서 위기 발생 시 즉각적으로 대응할 수 있는 위기관리 자원 예비력 발전, 석유 비축 등

01 http://www.raponline.org/wp-content/uploads/2016/05/rapsynapse-wilsonbiewald-bestpracticesinirp-2013-jun-21.pdf

을 확보하기 위한 투자계획을 명시적으로 포함한 '위기대응 통합자원계획Resilient IRP'을 수립해야 한다.

위기대응 통합자원계획RIRP이란, 미래 위기를 완화하는 정책목표와 에너지 수요 전망 아래에서 미처 완화하지 못한 잔여 위기Residual Risk에 대응하기 위한 에너지 생산 및 소비 자원과 위기대응 자원의 효과적인 투자계획을 제시한다. 이로써 위기대응 통합자원계획은 위기 완화와 위기대응 간의 일관성 있는 연결고리를 제시한다. 이를테면 지구온난화 1.5도 제한 시나리오 이행에 따른 우리나라 에너지 및 산업의 전환은 기존의 감축 시나리오보다 더욱 적극적인 수요 관리와 유연성 자원의 확보는 물론, 신재생에너지 발전의 획기적인 확대를 요구할 것이다. 그러나 세계 각국이 유사한 노력에 적극적일 경우, 기후위기는 좀 더 완화될 것이고, 이에 따라 잔여 위기가 줄어들어 기후변화 적응을 위한 에너지 및 산업 부문의 자원 투입은 비교적 적어지게 된다. 즉, 기후위기를 완화하기 위한 몇 가지 대표적인 국가 온실가스 감축 정책 시나리오1도, 1.5도, 2도 등 각각에 따른 미래 에너지 수요를 충족하기 위한 통합자원계획은 물론, 위기대응 자원 투자계획을 별도로 제시함으로써, 전개 가능한 기후위기 완화 시나리오 아래에서 강건한 기후위기 대응을 위한 의사결정을 도출하는 데 도움을 준다.

잠깐 사이버 공격에 대한 대응 방안은 있는가?

사이버 공격은 우리 사회가 초연결사회로 나아가는 것에 따른 어두운 부분이다. 통신으로 연결되는 모든 사물은 사이버 공격의 대상이 될 수 있다. 2015년 〈와이어드〉는 지프 체로키 차량의 인포테인먼트 시스템을 해킹하여 차량 핸들 및 엔진, 브레이크가 원격 조정되는 모습을 보도한 바 있다. 일본에서도 스마트 가전제품에 대한 사이버 공격이 기승을 부려 IP주소를 가진 사물 1개당 받은 사이버 공격 수가 하루 평균 1,692회에 달한다는 보도도 있었다. 영국 보험사인 로이드는 이러한 사이버 공격으로 인한 경제 손실이 2015년 4,000억 달러에 달했으며, 2019년에는 2조 달러로 증가했다고 분석한 바 있다.

편리한 초연결사회가 실현될수록 사이버 공격은 갈수록 급증할 전망이다. 에너지 산업에 종사하는 기업과 개인의 강화된 보안의식이 요구되는 동시에, 성장하는 사이버 보안 시장에 주목할 필요가 있다. 세계 2위 투자은행인 모건스탠리는 전 세계 사이버 보안 시장규모가 2016년 600억 달러에서 2020년 1,200억 달러에 이를 것으로 전망한 바 있다. 에너지 산업에서도 사이버 보안 시장은 더욱 중요해질 것이다.

앞으로 에너지 안보 측면에서도 사이버 보안은 핵심이 될 수 있다. 과거 에너지 안보는 주로 석유 등 자원 공급의 안정성 확보에 치중했지만, 우리 사회가 초연결사회로 나아가면서 에너지 안보의 개념은 좀 더 복잡해질 수 있다. 사이버 공격에 의하여 발전소 구동이 멈추고 수급체계가 마비되면 에너지 산업뿐만이 아니라 국가 경제가 마비될 수 있다. 이제 정부는 디지털 부문에서도 에너지 안보를 대비해야만 하는 것이다.

정부는 2020년 3차 추경을 통해 지능형 발전소 플랫폼 구축 사업을 시작했다. 전문가 개인의 경험과 관행에 의존하는 전통 발전소에서 나아가 데이터와 인공지능에 의해 효율적이고 안전하게 운영되는 미래 발전소의 모습으로 지능형 발전소를 제시한 것이다. 현재는 발전 효율과 안전 분야에 초점을 맞추고 있지만, 빅데이터 플랫폼이 제대로 구축되면 인공지능을 통하여 전력 분야의 비정형 데이터 분석도 가능해질 것이다. 그러면 빠르고 정확한 사이버 공격 탐지도 가능할 것으로 기대할 수 있다. 머신러닝으로 학습한 인공지능이 이상징후를 사전에 포착하여 공격에 대비하는 것이다. 아직은 첫걸음에 불과하지만 에너지 안보의 귀중한 시작이 될 것으로 기대한다.

에너지 및 자원 수급 안정성 향상

제안 1. 전략적 관점의 안정적인 에너지 자원 확보

석유·가스·광물은 수송·건물 냉난방 ·산업 측면에서 단기간에 대체재를 찾는 것이 어려운 분야로, 관련 자원의 전략적이면서도 안정적인 확보가 중요하다. 특히 우리나라는 대표적인 에너지 자원 수입국이라 글로벌 에너지 수급 체계 및 가격변동에 매우 민감할 수밖에 없다. 따라서 글로벌 에너지 수급 체계의 변화를 예의 주시하면서 안정적인 에너지 자원 확보에 만전을 기울여야 한다.

21세기 글로벌 에너지 공급 체계에서 가장 큰 변화는 원유·가스 생산국으로서 미국의 등장과 중국 및 아시아 국가들의 원유 수요 급증으로 요약할 수 있다. 2000년 초반 중국의 경제가 급성장함에 따라 원유 수요도 함께 급증했으나, 2010년 중반부터 미국과 러시아의 등장으로 인한 원유·가스 공급 초과 때문에 저유가 체제로 급변했다. 아울러 20세기 동안 세계 원유·가스의 주요 공급자였던 중동지역의 위상이 하락했다.

세계 에너지 생산의 중심축이 중동지역에서 미국과 러시아 등으로 다변화되면서 글로벌 수급 체계와 구도, 가격 체계에 변화를 가져왔다. 또한 에너지 수요 측면에서는 동북아시아 한·중·일 3국을 포함해 인도네시아·베트남 등 동남아시아와 인도의 에너지 수요가 지속적으로 늘어날 것으로 전망된다. 중국과 인도라는 두 거대 인구대국의 경제성장과 산업구조의 변화, 도시화는 지속적으로 에너지 수요를 높일 것이다.

앞으로 안정적인 에너지 자원을 확보하기 위해서는 급변하는 글로벌 에너지 수급 체계 변화에 대한 다양한 가능성과 지정학적·지경학적 관계를 염두에 둔 시나리오 개발과 전략 마련이 필요하다. 무엇보다도 동북아시아 지역의 전력망, 가스관 등의 연결을 모색하는 '동북아시아 에너지망 연계'를 우리나라가 주도해서 적극 추진할 필요가 있다.

특히 우리나라를 포함한 중국과 일본의 재생에너지 확대는 이들 국가 간의 전력망 연계를 요구하고 있다. 또한 동북아시아 지역에 매장되어 있는 에너지 자원을 적극적으로 개발해 역외지역으로부터의 에너지 공급 의존 심화가 가져올 위험성을 낮추어야 할 것이다. 동북아시아는 거대 에너지 자원 수출국과 수입국이 공존하고 있는 지역이다. 이러한 지역의 에너지 수급 불균형을 동북아시아 에너지 협력과 공동 자원개발을 통해 균형 있게 맞출 수 있다면, 우리나라는 물론 동북아시아 지역 전체의 에너지 안보에도 크게 기여할 수 있을 것이다.

제안 2. 에너지 자원 비축 및 수급 체계의 보완

우리나라는 두 차례의 오일쇼크를 겪으면서 석유 자원 비축에 대한 대응 시스템을 갖추게 되었다. 또한 고유가나 국제 정치의 경색 등으로 수급이 불안정해질 경우 공급을 조절하는 등 국민 경제 안정을 위해 든든한 버팀목의 역할을 수행하고 있다. 가스와 광물도 이와 유사하게, 안정적 수입선 유지, 비축 및 공급을 통한 비상시 대응 정책 수립은 에너지 수입국으로서 필수적인 전략이다. 하지만 전통적인 수급 체계 안정화 전략에서 유연하고 다변화된 수급 안정화 전략으로 진행되고 있는 것 또한 사실이다.

우선 석유는 동북아시아 오일 허브, 탄력적 비축, 국제 공동 비축 및 비산유국과의 협력 등 다양한 방안을 추진하고 있다. 지리적·지정학적으로 석유 거래의 국제적 중심지로 위상을 확보하여 석유의 경제적인 비축량을 늘리는 한편, 협력 파트너는 산유국, 국영 석유회사에서

비산유국, 국제 석유회사로 넓혀나가고 있다. 이는 부존자원의 편재성 셰일오일로 산유국이 많아지고 있지만, 우리나라에는 해당되지 않는다, 초보적인 국내 친환경차 보급수준, 정유 및 석유화학 산업의 의존도를 감안할 때 불가피하게 취할 수밖에 없는 전략이다.

한편 천연가스는 도입선 다변화를 추진하고 있다. 가스전 개발사업에 LNG 액화 사업 투자와 지분 물량 도입을 통합하여 천연가스 가격 안정과 연관 산업 활성화를 동시에 확보할 예정이다. 아울러 국제 가스시장의 불확실성과 지역별 리스크에 따른 피해를 최소화하기 위해 도입가격 인덱스Index를 다양화하고, 기존 장기계약 중심의 계약구조를 중장기-단기-현물Spot 등으로 다변화한다면 천연가스 공급에서도 안정적인 수급 체계를 더욱 공고하게 다질 수 있을 것이다.

또한 지정학적 위치를 십분 활용하여 대안을 찾아나가야 한다. 파이프라인을 통해 천연가스를 수입해 오는 PNG는 필수적인 요소다. 특히 인접국인 러시아로부터 PNG를 도입해 올 경우 LNG 대비 수송비용이 1/3로 저렴하다는 연구 결과2010년 4월 한·러 공동연구가 있고, LNG 대체재로서 기능하여 LNG 도입 협상력에도 긍정적으로 기여할 수 있다.

정치적 의미도 상당하다. 현재 한국가스공사와 러시아 가즈프롬이 공동연구 중인 '한·러 PNG 공동연구'는 북한을 통과하는 가스관 건설에 대해 검토 중인데, 이 사업이 현실화된다면 남북관계 개선과 평화통일, 종국에는 동북아시아 경제 공동체 형성을 촉진할 것으로 기대된다.

광물의 경우, 산업의 발전과 자원에 대한 수요를 면밀하고 신속하게 파악하여 수급 및 비축을 위한 정책적 노력이 진행되고 있다. 최근 에너지 산업구조 변화에 따른 자원 소비 패턴이 리튬, 코발트, 니켈, 희토류 등 신산업 원료 중심으로 변화하고 있는 것에 선제적으로 대응해야 할 필요가 커지고 있기 때문이다. 자원 안보 확충 및 정책의 일관성을 유지하기 위해 국내 미래 유망 신산업, 해외 사례 등을 고려하여 원료→부품→제품으로 연결되는 전과정평가LCA를 통한 맞춤형 핵심 공정을 선정·관리한다면 미래 신산업 발전을 성공적으로 뒷받침할 수 있을 것이다.

온실가스 감축 정책 수립 및 이행

기후변화로 인한 각종 위기를 완화하기 위해서는 온실가스 감축을 위한 적극적인 국제협력이 있어야 한다. 기후변화 국제협력은 1992년 유엔기후협약UNFCCC에서 시작되었고, 이후 국제 사회는 수차례에 걸친 공식 협상을 통해 2015년 12월 파리 당사국총회에서 2020년부터 모든 국가가 기후변화 대응 노력에 참여한다는 파리협정을 채택했다. 현재 약 200개국이 협력하는 형태를 갖춘 파리협정은 기후변화 목표를 달성하기 위해 모든 국가가 2020년부터 기후변화 행동에 참여하고 온실가스 감축 목표를 5년 주기로 제출하도록 규정했다. 동시에 2023년부터 5년 단위로 파리협정 이행 및 목표 달성 가능성을 평가하는 전 지구적 이행 점검을 실시하고, 2020년까지 국가별 '2050 장기 저탄소 발전전략LEDS'을 마련해 제출하기로 했다.

그럼, 우리나라는 기후위기 대응을 위한 세계적 노력에 어떻게 협력해왔을까?

우리나라는 기후위기를 완화하는 것은 물론, 새로운 경제성장 동력 창출의 기회로서 온실가스 감축 정책을 추진해왔다. 2016년에 '2030 국가온실가스 감축 로드맵'을 수립한 데 이어 2018년에는 감축 로드맵 수정안을 마련해 국외 감축 분량을 국내 감축 분량으로 전환했고, 2020년 12월 UNFCCC에 '2050 장기 저탄소 발전전략LEDS' 보고서와 국가결정기여NDC를 제출했다.

우리나라 정부는 2020년 7월 기후위기에 대응하고 경제성장을 도모하기 위해 전기차, 수소차, 그리고 재생에너지 보급 확대를 골자로 한 '그린 뉴딜 정책'을 발표했다. 그러나 이와 같은 에너지 전환 정책이 국가 온실가스 감축 목표와 정합성을 확보하고 있는지에 대해서는 좀 더 엄밀한 평가가 이루어져야 할 것이다. 무엇보다 감축 목표 달성을 위해서는 더욱 과감한 석탄발전 감축이 필수적인데, 이는 현 정부의 탈원전 기조와 맞물려 전력 계통 안정성에 심각한 위협을 가져올 수 있어 우리나라 온실가스 감축 정책의 실현 가능성을 저해할 수 있다.

최근 세계 온실가스 1위 배출국인 중국의 2060년 탄소중립 선언 2020년 9월 23일, 일본의 2050년 탄소중립 선언 2020년 10월 26일에 이어 우리 정부도 2050년까지 탄소중립을 달성하겠다고 국제 사회에 선언했는데 2020년 10월 28일, 이는 기존의 국가 온실가스 감축 목표보다 훨씬 강화된 수준의 전방위적 노력을 우리에게 요구하고 있다. 만약 우리의 2050 탄소중립 달성 목표가 국내 정치의 불확실성을 초월해 지속적으로 추진될 수 있다면, 이 목표에 기반한 질서 있는 에너지 전환 정책의 이행이 필요하고, 민간의 투자 불확실성을 종식시켜 정책비용을 낮추는 것이 필요하다. 녹색산업의 혁신을 유인하고, 우리 산업의 국제 경쟁력을 조기에 확보하는 기능을 갖추어야 한다.

통계 데이터베이스 구축

에너지 정책을 수립·집행·평가하는 과정에는 이를 지원해줄 수 있는 기본 인프라, 즉 정확한 통계 정보가 필수적이다. 한국에서는 에너지 공공기관의 통계 작성 기관이 에너지 통계를 작성하고 있다. 그런데 이는 원별 통계 작성 기관에 의한 공급 통계 중심으로 운영되고 있어 정책 분석 및 평가에 유용하게 사용될 수 있는 소비 통계는 미흡한 실정이다.

소비 통계는 기관별로 공급 통계를 보완하기 위해 작성되고 있으며, 최종 소비자를 대상으로 매 3년마다 전수 또는 표본 조사의 방법으로 직접 조사를 실시한다. 그러나 각 기관에서 실시하고 있는 소비 통계는 정책을 분석하고 평가하는 데 필요한 수준의 상세성과 정확성을 제공하지 못하고 있다. 또한 현행 소비 통계 대부분이 에너지 소비량온실가스 배출량 추정에 초점을 두고 있기 때문에 에너지 수요 관리에 필요한 통계 정보는 부족한 실정이다.

에너지 통계 역량을 강화하기 위해서는 다음과 같은 노력이 필요하다.

첫째, 에너지 정보 통계를 통합적으로 관리하기 위한 전담 조직의 기능을 강화해야 한다. 이를 통해 각 기관별로 수집·관리되고 있는 통계를 통합적으로 관리·분석하여 정책 수립 및 개선에 신속히 반영할 수 있는 체계를 구축할 수 있다.

둘째, 에너지 수급 통계의 국제 표준화가 필요하다. 이를 통해 국제기준에 부합하는 형식으로 개편하여 에너지원 분류 및 수급 흐름을 세분화함으로써 에너지 수급 통계의 정합성을 확보할 수 있다.

셋째, 에너지 관련 정책을 지원하기 위해 상시 에너지 조사 통계의 데이터베이스를 구축하고, 에너지 빅데이터 활용 기반 시스템을 구축하여 정보활용 능력을 강화해야 한다.

지역 수용성 강화

지역 수용성Community Acceptance은 에너지 시설 건설 결정, 운영 과정 등에 대한 해당 시설 소재 지방자치단체와 지역 주민의 수용 정도를 뜻한다. 생태계 및 환경 훼손, 지역경제에 대한 부정적 영향농어업 및 관광 소득 저하, 땅값 하락 등 등에 대한 우려가 지역 수용성 확보를 어렵게 하는 요소이다.

에너지 사업 추진과정에서 충분하게 지역지방자치단체와 지역 주민의 의견이 고려되어 갈등을 사전에 예방할 수 있도록 관련 제도를 정비할 필요가 있다. 에너지 사업에 대한 인허가 시 사업 주체인 사업자와 지방자치단체에 주민 수용성 파악 의무를 부여한다든지, 지역경제에 미치는 영향 평가나 지역 주민과의 이익 공유를 의무화하는 방안이 있을 수 있다. 호주 빅토리아주의 경우 재생에너지 프로젝트의 입찰 시 사회적 영향 분석, 지역사회 상생 방안, 이익 공유 프로그램, 지역 주민 동의, 평가 및 환류 계획 등을 사업자에게 요구하고 있다. 이는 우리가 벤치마킹해볼 만한 사례일 것이다. 또한 유럽 모델처럼 민간 전문가가 프로젝트 추진 전 갈등 요소를 미리 확인하고, 이해 당사자 간 갈등을 중재·해결할 수 있는 갈등 조정기구를 마련하는 것도 중요하다.

아울러 지역에서 이루어지는 재생에너지 사업의 이익을 지역 주민과 공유할 수 있도록 주민 참여 사업에 대해서 REC[02] 가중치 상향 등 인센티브를 확대해야 한다. 발전소 주변지역 지원 사업 등 정부의 지원도 재생에너지에 대해서는 지원지역 범위는 축소하고 지원액은 상향하는 등, 원전·석탄 발전 등 대규모 시설과 차별화해 지원 효과를 배가시킬 필요가 있다.

02 신재생에너지 공급 인증서, Renewable Energy Certificate의 약자이다. 2012년부터 시행된 신재생에너지 의무할당제로 인해 500MW 이상의 발전소는 신재생에너지를 생산하거나 구매해야 한다. 기존 발전 사업자들은 추가로 전력시설을 갖추기보다 REC를 구매하는 방법을 주로 택하고 있다. 정부는 REC 인증서를 바탕으로 할당량 이행 여부를 판정하고 이행하지 못한 부분에 대해서는 과징금을 부과한다.

3

탄력적 위기대응 시스템

위기대응을 위한 의사결정 기반 강화

탄력성장을 위한 준비 역량을 키우기 위해서는 다음과 같은 것들이 필요하다. 상시 위기 진단·평가 시스템에 기반하여 에너지 위기에 대응하는 관련 법률 제정과 평가위원회 설치, 위기대응을 위한 통합자원계획 추구는 물론, 이에 수반하는 각종 의사결정을 정교화할 수 있는 사회적 투자가 그것이다. 무엇보다 효과적인 의사결정을 지원할 지식 기반을 확충해야 하는데, 이를 위해서 에너지 빅데이터를 기반으로 한 실시간 통합관리 시스템 구축, 그리고 위기대응에 대한 과학적 연구 및 전문 인력 양성을 제안한다.

제안 1. 에너지 빅데이터의 통합관리 시스템 구축과 운용

에너지 빅데이터 기반의 실시간 통합관리 시스템은 에너지 부문에 따라 다양한 역할을 할 수 있다. 전력 부문의 경우, 분산형 자원의 현황을 실시간으로 모니터링해 전력 수요와 공급의 예측력을 제고하고, 해외 자원 수급 사태로 인한 영향과 정전사태 발생 위험을 최소화하며, 위기 발생 시 민첩하게 대응할 수 있는 역량을 부여한다. 특히 재생에너지 보급 확대의 고질적인 문제가 되고 있는 발전량 예측 정확도를 제고하는 시스템을 구축하면, 발전 부문의 안정적이고 경제적인 저탄소화 달성에 기여할 수 있을 것이다.

에너지 빅데이터 통합관리 시스템 구축과 운용은 증거 기반의 위기대응 진단·평가·대응 의사결정을 지원할 뿐 아니라, 더 나아가 다양한 에너지 신사업과 비즈니스 모델을 창출하는 데 핵심적인 역할을 할 수 있다. 에너지 빅데이터 거버넌스가 확립되면 에너지 데이터의 품질을 체계적으로 관리하고, 에너지 정보의 보안수준을 유지하며, 데이터의 출처와 수요처를 연결해주는 중개자로서의 기능을 함으로써 산업혁신에 기여할 수 있다.

제안 2. 위기대응에 대한 초학제적 연구 및 전문인력 양성

상시 위기 진단·평가·대응 역량을 지속적으로 확충하기 위해서 위기대응에 대한 초학제적 연구 및 전문인력 양성을 제안한다. 에너지·환경·경제 시스템을 연계한 위기관리 정책의 통합적 평가, 각종 위기가 미치는 사회적·경제적·환경적 영향 및 적응 체계 평가, 에너지 및 사회 인프라 빅데이터에 기반한 상시 위기 진단 및 대응 체계 개발 등의 초학제적인 탐구가 필요하다. 이 과정을 통해 개인과 사회 시스템, 그리고 환경 간의 복잡하고 동태적인 상호작용에 대한 과학적인 이해를 확보하고 사회 전반의 위기대응 역량을 강화하는 데 주안점을 두어야 한다.

또한 위기대응 분야의 초학제적 연구자를 배출하고, 현장에서 진두지휘하며 위기대응 체계를 확립해 나갈 리더를 양성하기 위한 교육기관의 역할도 점차 중요해지고 있다. 특히 위기관리는 공공재적인 성격이 있어 민간 부문의 자발적인 위기관리 인력 확충과 대응 투자를 이끌어내기 어렵다. 따라서 위기대응에 대한 민간의 수요가 충분히 가시화되기 전까지는 위기대응을 위한 핵심 인력 양성에 정부의 적극적인 지원이 필요할 것이다.

분산 에너지원의 확대

코로나19 등 예기치 못한 위기나 기후변화에 따른 자연재해의 증가는 중앙집중식 에너지 공급구조의 한계를 여실히 드러내고 있다. 이러한 구조는 단 한 번의 위기만으로도 큰 문제를 야기할 수 있기 때문이다. 또한 1960년대 미 공군은 랜드연구소를 통해 탈중앙화 및 복원력을 기반으로 적의 공격을 견딜 수 있는 통신 네트워크 구조를 연구했는데, 분산 시스템이 복원력 관점에서 가장 효과적임을 밝혔다.

현대 사회에서 기상이변으로 인한 정전의 빈도와 심각성은 지속적으로 증가하고 있고, 이는 우리 사회에 막대한 피해를 입히고 있다. 예를 들어 미국에서 2003년에서 2012년 사이 10년 동안 1,000만 명 이상에게 피해를 입힌 정전 중 기상이변으로 인한 것이 7회 이상이었다.

미국 에너지정보국EIA은 1992년부터 2012년까지 미국 송전 계통에서 발생한 정전을 조사한 결과, 기상이변으로 인한 정전 횟수가 상당한 수준으로 증가하고 있음을 확인했다. 기후변화에 따른 잦은 기상이변으로 전력 시스템의 안정성에 대한 우려가 증폭되고 있으며, 이는 전력망 안정성에 대한 체계적인 관리 및 대응 체계를 요구하고 있다. 한 예로, 하와이는 다음과 같이 2018년 시행령ACT200을 통해서 국가 주요 정책으로 계통 복원력 확보를 요구했다. 해당 법안은 계통 복원력 확보에 대한 구체적인 방안까지 포함하고 있다.

2018 하와이 시행령, ACT200

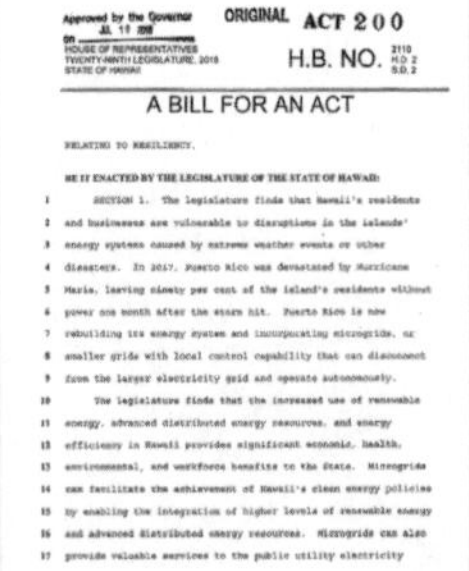
Approved by the Governor
JUL 11 2018
on
HOUSE OF REPRESENTATIVES
TWENTY-NINTH LEGISLATURE, 2018
STATE OF HAWAII

ORIGINAL ACT 200

H.B. NO. 2110 H.D. 2 S.D. 2

A BILL FOR AN ACT

RELATING TO RESILIENCY.

BE IT ENACTED BY THE LEGISLATURE OF THE STATE OF HAWAII:

SECTION 1. The legislature finds that Hawaii's residents and businesses are vulnerable to disruptions in the islands' energy systems caused by extreme weather events or other disasters. In 2017, Puerto Rico was devastated by Hurricane Maria, leaving ninety per cent of the island's residents without power one month after the storm hit. Puerto Rico is now rebuilding its energy system and incorporating microgrids, or smaller grids with local control capability that can disconnect from the larger electricity grid and operate autonomously.

The legislature finds that the increased use of renewable energy, advanced distributed energy resources, and energy efficiency in Hawaii provides significant economic, health, environmental, and workforce benefits to the State. Microgrids can facilitate the achievement of Hawaii's clean energy policies by enabling the integration of higher levels of renewable energy and advanced distributed energy resources. Microgrids can also provide valuable services to the public utility electricity

HB2110 SD2 LRB 18-3486.doc 1

하와이주 입법부는 하와이의 주민들과 기업이 극심한 기상상황이나 기타 재해로 인한 섬의 에너지 시스템 중단에 취약하다는 사실을 발견했다. 2017년 푸에르토리코는 허리케인 마리아에 의해 황폐화되었으며, 폭풍이 닥친 후 섬 주민들의

90%가 한달 동안 전력을 잃었다. 푸에르토리코는 이제 전체 계통으로부터 분리하여 자율적으로 작동할 수 있는 로컬 제어가 가능한 마이크로그리드, 또는 더 작은 전력망을 활용하여 전력 그리드를 재건하고 있다. …… 마이크로그리드를 사용하면 지역사회에 계통 복원력을 확보하여 공공안전과 보안을 강화할 수 있다.

하와이주 법안에서 보듯, 전력 계통의 복원력 역시 "전체 계통으로부터 분리하여 자율적으로 작동할 수 있는 로컬 제어가 가능한 마이크로그리드, 또는 더 작은 전력 그리드"를 활용해 계통의 분산화를 구현하고 이를 통한 복원력 확보를 추구하는 추세이다폴, 1964.

분산 에너지 시스템이란 무엇인가?

분산 에너지는 아직 국내에서 명확한 정의나 범위가 규정되지는 않았지만, 현재 전기사업법에 따르면 분산형 전원은 전력 수요지역 인근에 설치하여 송전선로의 건설을 최소화할 수 있는 일정 규모 이하의 발전설비이다. 40메가와트 이하의 발전설비와 500메가와트 이하의 집단 에너지, 구역 전기, 자가용 전기 설비가 이에 해당된다. 현재 분산형 전원 및 관련 자원들은 우리나라 곳곳에 흩어져 있다.

그렇다면 이와 같은 자원의 양적인 팽창이 바람직한 분산 에너지의 확대라고 볼 수 있을까?

분산 에너지의 양적인 팽창은 전력생산 비중에서 신재생에너지 비중을 확대하는 데 기여할 수 있지만, 계통적인 측면이나 지역 편중 등 다양한 문제를 야기할 가능성이 높다. 지금도 이미 재생에너지 확대에 따른 덕 커브의 심화 등 계통 변동성의 증대나 이에 따른 출력 제어 문제가 제기되고 있다.

2030년 재생에너지 비중 20%를 목표로 하는 우리나라의 육지는 현재의 제주 상황과 유사한데, 제주에서는 이미 잦은 풍력 출력 제어 문제가 발생하고 있다. 제주의 재생에너지 확대에 따른 전력 공급 과잉은 육지 계통과의 연계선 구축으로 해결이 가능하나, 대규모의 송전선로 건설에 대한 사회적인 갈등 증가 등으로 이마저도 어려운 상황이다. 육지의 재생에너지도 계통 접속 지연 등 이미 문제를 겪고 있기 때문에, 분산 에너지의 양적 팽창은 우리가 추구해야 할 분산 에너지 확대라고 보기는 어려울 것이다.

제안. 에너지 클라우드 구축

따라서 앞으로 추구해야 할 분산 에너지 확대는 단순한 양적 팽창이 아니라, 계통 등 기존 시스템에 분산화된 자원들이 유기적으로 결합되고 안정적으로 관리되는 방향이어야 한다. 이와 같은 분산 에너지 확대를 위해서는 IT 기술을 이용해 흩어진 분산 에너지원을 통합적으로 관리하고, 일정 구역 내에서 분산 에너지를 활용해 전력을 효율적으로 생산·소비함으로써 대규모의 송전선로 건설 등을 회피할 수 있어야 할 것이다.

에너지 시스템의 변화

자료: 가이드하우스 컨설팅, 2018.

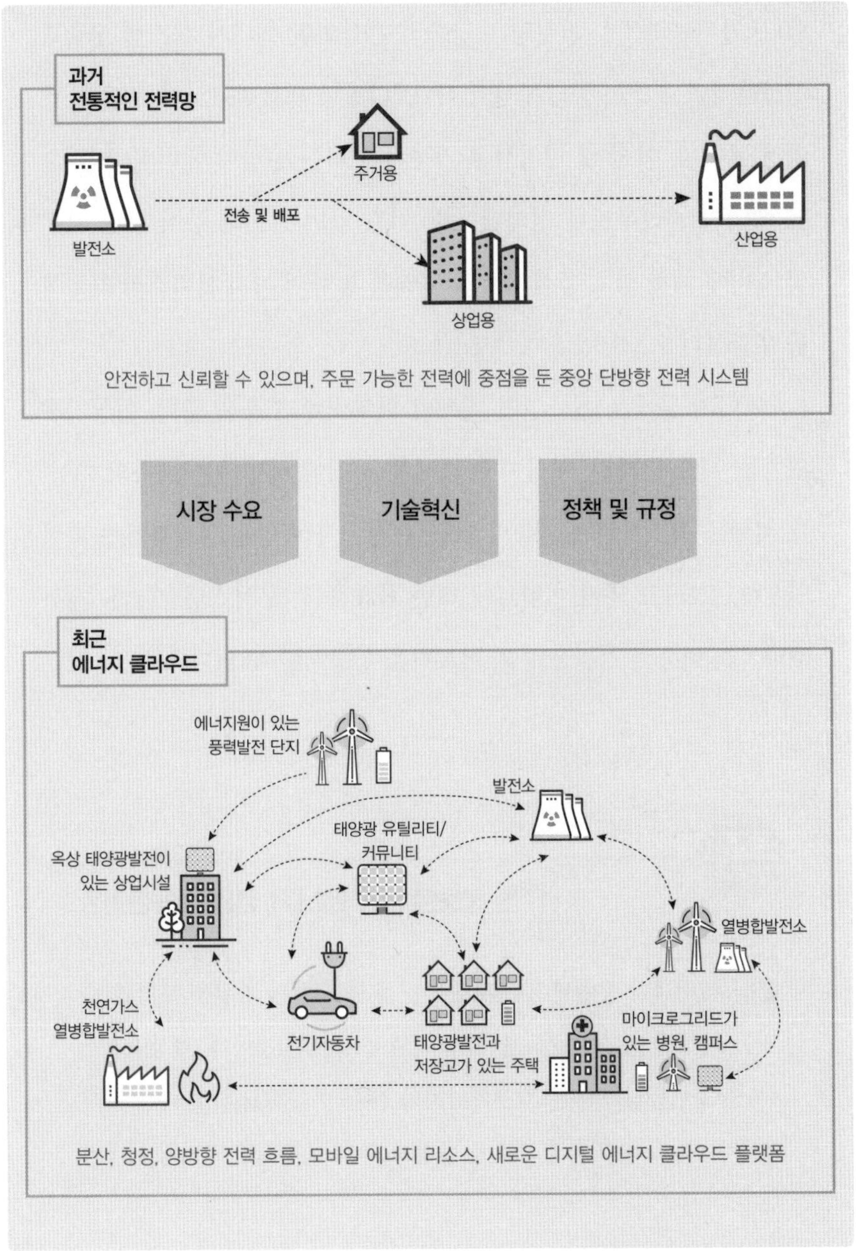

이와 관련해 해외에서는 에너지 클라우드라는 개념이 제시된 바 있다. 가이드하우스 컨설팅은 단순히 분산화된 에너지 시스템 구축과 일방향적인 에너지 공급에서 벗어나 "다방향 네트워크로서 고객 선택, 청정 에너지, 혁신 및 민첩성을 가능하게 하는 양방향 에너지 흐름"으로 에너지 클라우드를 정의했는데, 이는 앞의 그림과 같이 분산 자원 및 소비에 대한 상호 통신 및 통합관리를 통한 에너지 서비스의 최적화를 포함한다 장 브린스 & 매키넌 로렌스, 2018.

에너지 클라우드는 전력 계통의 회복력에 도움을 준다. 이상기후 위기를 예로 든다면, 이상기후 피해를 사전에 예방하는 예측의 기능, 그 피해를 최소화하는 완충의 기능, 손상된 전력망을 정상화하는 복원의 기능, 그리고 과거 이벤트에 대한 학습을 통해 시스템 기능을 개선해나가는 적응의 기능을 통해 회복력을 향상시킬 수 있다.

잠깐

IT를 활용한 분산 에너지, 정말 가능한가?

분산 에너지의 통합관리를 위해서는 우선 흩어진 자원을 통합할 수 있는 가상발전소VPP 등 제3자의 역할이 필요할 것이다. 가상발전소는 출력 변동성이 높은 재생에너지와, 변동성 완화를 위한 에너지 저장장치ESS 등 추가적인 자원을 통합하고, 이들에 대한 발전량 예측과 시장 입찰을 통해 자원을 관리한다.

가상발전소의 발전량 예측만으로도 분산 에너지의 계통 부담은 일단 완화될 가능성이 있다. 더불어 출력이 과다하게 발생하거나 과소하게 발생하는 경우, 계통 운영자와 배전망 운영자는 가상발전소에 출력 또는 제어를 지시할 수 있고, 가상발전소는 이에 대응하여 출력을 내거나 줄일 수 있는 능력이 구비되어야 한다. 즉, 가상발전소가 자체적으로는 조절이 어려운 자원을 통합하여 관리함으로써 급전 불가능한 자원을 급전 가능하게 만드는 역할을 하게 되는 것이다.

가상발전소의 활성화를 위해서는 무엇보다도 전력시장의 개편이 우선시되어야 할 것이다. 실시간으로 발전량을 예측하여 입찰에 참여할 수 있는 시장, 즉 실시간 시장이 개설되어야 하고, 출력 상황에 맞추어 보조 서비스를 제공할 경우 이에 대해 정산을 받는 보조 서비스 시장 또한 개설되어야 한다.

더불어 가상발전소의 시장 거래 활성화를 통한 수익창출을 위해 전력시장에서 개인 간 거래P2P를 허용할 필요가 있다. 가상발전소가 남는 전력을 단순히 저장만 하여 부족할 경우에 대비하는 것이 아니라, 자유로운 개인 간 거래를 통하여 남는 전력을 판매하고, 부족한 전력을 구매하여 대응할 수 있도록 함으로써 거래를 통한 수익창출 등 새로운 비즈니스 모델의 등장을 위한 제도 개선이 필요할 것이다.

궁극적으로는 개인 간 거래의 허용을 넘어 한국전력공사의 판매 분리가 요구될 것이다. 한전이 판매를 분리함으로써 망 운영에 대한 중립성을 확보함과 동시에, 자유로운 전력 거래 시장의 등장으로 진정한 전력 '시장'으로 거듭나도록 해야 할 것이다.

위기대응을 위한 에너지(전력) 시장 제도 개편

제안 1. 민간 참여 유도를 위한 시장 제도적 유인 마련

탄력적인 위기대응 시스템 구축을 위해, 관련한 사회 전반의 역량을 강화함은 물론, 민간의 참여를 통해 위기대응력을 제고할 수 있도록 하는 시장 제도적 유인을 마련해야 한다. 지난 2020년 8월 발생한 미국 캘리포니아의 3단계 전력 비상 사태와 일부 지역 순환 정전 사태는, 안정적인 전력 수급을 유지하기 위해 재생에너지의 변동성에 대비한 전력설비 보완이 필요하고, 동시에 이를 확산시키기 위해 적절한 보상 체계가 확립되어야 함을 시사한다.

제안 2. 전력시장 인센티브 강화

위기대응을 위한 전력시장 제도 개편 시 우선적으로 고려해야 할 사항은 재생에너지의 간헐성과 변동성에 대응하기 위한 적절한 보상 체계 확립이다. 친환경, 안전 중심의 에너지 패러다임 변화로 앞으로 전원에서 원전과 석탄 비중은 줄고 재생에너지는 대폭 확대될 전망이다. 하지만 태양광, 풍력 등 날씨에 따라 출력이 급변하는 재생에너지 설비의 확대는 전력 계통 안정성에 악영향을 미칠 가능성이 크다. 현재 전력시장에서는 전력 계통의 신뢰성·안정성 확보를 위해 주파수 조정, 예비력 제공 등 각종 보조 서비스를 운영 중인데, 이에 대한 보상은 연간 정해진 금액을 단순 배분하는 방식으로 운영되며 이는 매우 미흡한 수준이다.

현재의 방식으로는 급전 유연성이 뛰어난 가스, 양수, 전력수요관리DR, 에너지 저장장치ESS 같은 유연성 자원을 시장에 참여할 수 있도록 유인하기 힘들기 때문에, 이들 설비가 제공하는 예비력 가치를 적정하게 보상해주는 보조 서비스 시장을 개설하여 운영할 필요가 있다.

제안 3. 실시간 전력시장 운영

전력 계통의 신뢰도를 확보하기 위해서는 보조 서비스를 통한 전력시장 인센티브 강화 외에도 계통 상황을 실시간, 능동적으로 반영하는 운영방식 도입이 필요하다. 현재 전력시장은 실제 계통 여건을 충분히 반영하지 않는 하루 전 시장Day Ahead Market을 통해 전력을 거래하고 있다. 전력 거래 전일에 다음 날의 전력 수요를 예측하여 미리 발전량 배분 등 급전 계획을 수립하기 때문에, 실제 거래 당일 발전기 운전 여건 변화, 수요 예측 오차 등을 즉각적으로 반영하기 어렵다. 이러한 전력 수급의 불일치로 인한 위험을 해소하기 위해 보조 서비스를 통한 안정적 예비력 확보 외에, 실시간 전력시장을 운영해 당일 및 실시간 수급 불균형을 해소할 수 있는 여건을 조성할 필요가 있다.

제안 4. 유연성 자원 확보 의무화

전력 계통의 문제가 가져올 수 있는 막대한 사회·경제적 피해를 고려해 볼 때, 위기대응을 전적으로 시장 제도에만 맡길 수는 없으며, 일정 용량의 유연성 자원 확보를 의무화하는 것도 필요하다. 예를 들어 미국 캘리포니아에서는 태양광 발전량 증가에 따라 특정 시간마다 일정량의 유연성 자원을 의무적으로 확보해 입찰하도록 하는 유연응동상품Flexible Ramping Product 의무 입찰을 도입했고, 유틸리티 기업에 송배전망 및 소비자에 일정 규모의 에너지 저장장치를 의무적으로 설치하도록 규정하고 있다.

4

탄력적 도약 역량 강화

대한민국 에너지의 도약 역량 강화를 위한 두 가지 제안

위기를 기회로 잡기 위해서는 국가적 역량이 집중되어야 한다. 도약 역량이란 기본적으로 위기상황에서 시스템의 혁신과 업그레이드를 통해서 피해를 최소화하고, 오히려 시스템의 성장을 이룰 수 있는 역량을 의미한다. 위기가 발생했을 때 성장을 이루기 위해서는 몇 가지 전제 조건이 필요하다. 즉, 평소에는 기술적 성숙도·경제성 혹은 레거시 비용 등의 문제로 실행 불가능한 정책·제도·변화를, 위기가 발생할 경우에는 곧바로 실행할 수 있다는 것이다.

따라서 위기 발생 시 폭발적인 수요가 생기거나 핵심적인 기능을 하는 시스템에 대한 파악, 혹은 혁신적으로 바꾸어야 할 제도를 사전에 파악하고 준비해 놓는 것이 필요하다. 탄력적 도약 역량 강화는 앞에서 말한 역량 중에서 '예측 및 준비 역량' 및 '탄력적 위기대응 시스템' 모두와 관련성이 높다고 볼 수 있다.

제안 1. 분산 에너지 및 에너지 저장 관련 신기술에 대한 투자

그렇다면 위기 시 폭발적인 수요가 발생할 수 있는 에너지 신기술은 어떤 것이 있을까? 일반적으로 자연재해든 인공적인 재난이든지 간에, 광범위하고 치명적인 위기인 경우에는 특정 에너지원에 대한 의존도가 높을수록, 또는 중앙집중형 네트워크 의존도가 높을수록 피해의 범위나 정도가 크다고 알려져 있다. 따라서 위기 시 수요가 급증할 수 있는 에너지 신기술로는 시스템 혹은 자원의 다양성 확보와 관련된 기술, 에너지 저장 관련 기술, 완충 혹은 여분 에너지 역량 관련 기술, 시스템 유연성 제고 관련 기술 등이 있다. 즉, 분산 전원연료전지, 마이크로 터빈 혹은 마이크로 열병합발전, 재생에너지 등, 에너지 저장장치ESS, 마이크로그리드, 네트워크 에너지 이외 에너지원수소 에너지 등과 이를 타 산업과 융합하여 활용할 수 있는 기술스마트 그리드, FEMS, 에너지 클라우드 등이 위기 시 급성장할 수 있는 에너지 분야 신기술에 해당한다.

중장기적 관점에서는 아직 기술적 성숙도가 조금 낮고 비용·효익 관점에서 보급이 시기 상조인 기술이라 하더라도, 위기 시 중요해질 혁신적인 기술에 지속적으로 투자하는 것이 필요하다. 그러나 시장경제 아래에서 이러한 투자를 사적영역에 전적으로 의존하기는 어렵기 때

탄력적 도약 역량의 구성요소

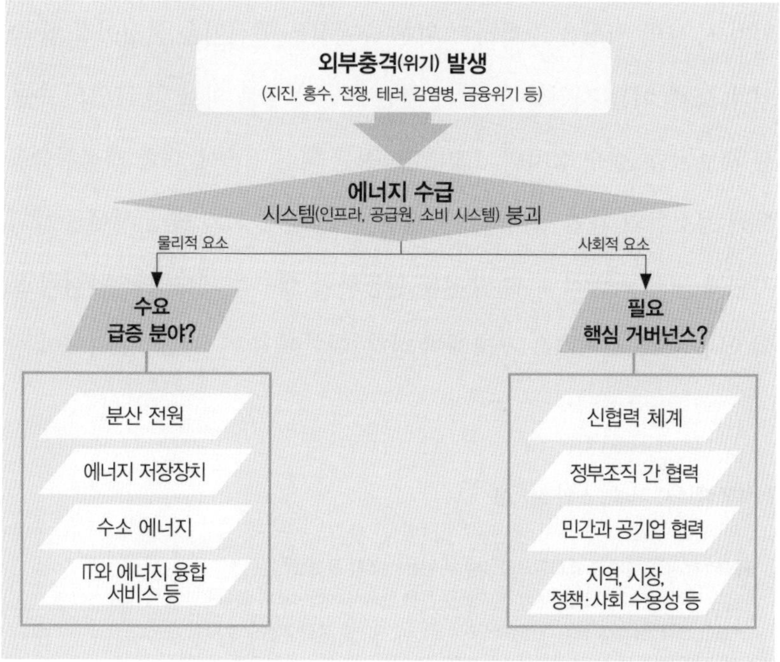

문에 대부분의 선진국에서도 정책적, 즉 정부 재정사업으로 실행하는 경우가 많다. 기술 성숙도는 낮으나 미래 성장 가능성이 높은 분야에 국가 재정으로 선투자를 하고, 실제로 관련 산업에서 성장이 이루어지면 세수 증대를 통해 투자금을 회수할 수 있다. 추가적으로, 위기 시 탄력성장을 위해서는 다른 선진국보다 더 적극적·공격적으로 재정투자 정책을 수행해야 한다.

제안 2. 탄력적 에너지 거버넌스

위기 시 도약 역량을 강화하기 위한 출발점은 혁신기술 선정이라 할 수 있다. 또한 이를 지원할 수 있는 재원 조달의 명분 확보 및 국민의 수용성 확보 또한 필수 절차다. 그리고 선정된 핵심 기술에 대한 재정지출을 통해 최소한의 자립 생태계를 조성해 주고, 실제 위기 발생 시에는 해당 기술에 대한 폭발적 수요 발생을 활용하여 세수를 회수하는 탄력적 도약 역량 강화 시스템을 구축해야 한다. 여기에 추가적으로 고려해야 할

탄력적 에너지 거버넌스의 필요성

재도약 역량을 체계적·효과적으로 갖추기 위한 신협력 관계는?

– 정부조직(중앙부처 간/중앙과 지방 간) 개편을 통한 탄력적 거버넌스의 외적환경 조성
– '쐐기 전략' 등 산업구조 개편(혁신산업 성장의 토양 마련)을 통한 외적환경 마련
– 탄력적 거버넌스 외적 환경 조성을 위한 에너지 정책 수용성 강화 등 내적환경 조성

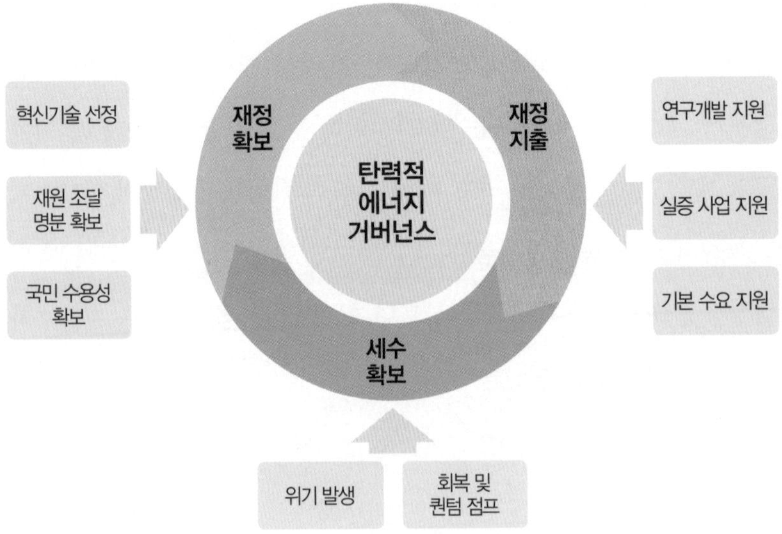

것은 이러한 일련의 에너지 정책이 일관되고 체계적으로 집행되도록 하는 '탄력적 에너지 거버넌스'이다.

'탄력적 에너지 거버넌스'란 블랙타이드 위기 발생 시에 재도약 역량을 강화하기 위한 새로운 협력 관계로 정의할 수 있다. 이러한 신협력 관계를 구축할 수 있는 외적구조 정부구조, 산업구조, 시장구조 등 뿐만 아니라 이러한 외적구조 아래에서 신협력 관계를 형성할 수 있는 내적구조 국민의 자발적 참여의식, 개방형 의사결정구조 운영 등 를 포괄하는 개념이다.

현재 정부가 추진중인 한국판 뉴딜 정책은 도약 역량 강화만을 위한 정책은 아니지만, 탄력적 에너지 거버넌스 관점에서 바라보면 좀 더

한국판 뉴딜 정책

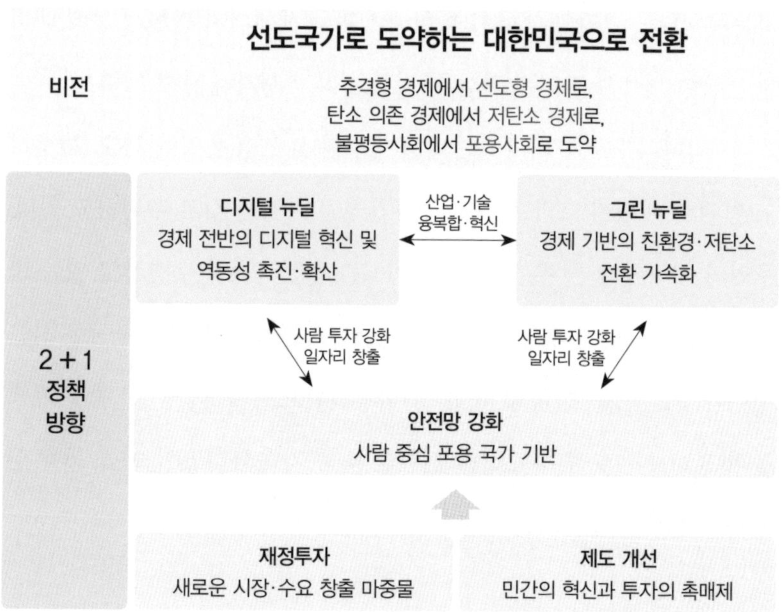

이해하기 쉽다. 즉, 그린 뉴딜과 디지털 뉴딜은 핵심 기술 선정 분야에 해당되는 것이고, 재정투자는 미성숙한 기술에 대한 미래 준비 역량 강화를 위한 지출이며, 제도 개선은 한국판 뉴딜 정책의 거버넌스 구축에 관한 부분으로 이해할 수 있다.

에너지 전환과 에너지의 혁신 산업화 제안

지금 우리가 이야기하는 에너지 전환 논의는 1980년대 독일에서 등장한 '에너지 전환Energie Wende', 즉 에너지 정책의 중대한 변화를 의미하는 개념으로 연결된다. 독일에서는 에너지 전환의 가치를 3D Decarbonization, Decentralization, Digitalization 로 제시하고 있다. 이는 온실가스 주범인 석탄 사용을 줄이는 '탈탄소화', 중앙집중형 에너지 시스템을 지역으로 분산하는 '분산화', 그리고 에너지 효율 개선과 재생에너지 간헐성 등에 대비한 정확한 예측과 관리를 위한 '디지털화'라고 생각해볼 수 있다.

우리나라도 2017년 10월 '에너지 전환 로드맵'을 수립하고 '깨끗하고 안전한 에너지'로의 전환을 중장기적인 비전을 갖고 추진하고 있다. 우리의 에너지 전환 추진 방향은 OECD 선진국들이 추진하고 있는 방향과 유사한데, 에너지 공급·소비·전달 측면에서의 혁신을 추진하는 것이다. 최근에는 한국형 뉴딜 정책의 일환으로 '그린 뉴딜' 종합 계획을 발표2020년 7월하여 에너지 전환을 더욱 가속화하면서 이를 통해 산업을 육성하고 일자리를 창출하는 데 박차를 가하고 있다.

공급 측면

국가 온실가스 감축을 위해서는 좀 더 과감한 석탄발전 감축과 재생에너지 비중 확대가 중요하다. 정부가 2020년 하반기에 발표한 '9차 전력수급계획'에 따르면, 석탄발전 설비의 비중은 2019년 29.5%에서 2034년 15%까지 떨어지고, 재생에너지 설비 비중은 2019년 12%에서 2034년 38.5%까지 확대될 것으로 전망된다. 기존 에너지 산업은 전력 공급의 차원에서 석탄·LNG 등 화력발전과 원자력발전의 발전사나 부품업체를 의미했다. 이제는 태양광·풍력 등 재생에너지와 수소·연료 전지 등 신에너지, 그리고 에너지 저장장치인 ESS 산업 등 새로운 에너지 산업이 등장하고 있다.

태양광의 경우, 이미 2019년에는 세계 9위를 차지할 만큼 산업이 크게 성장했으며, 태양광·풍력 등 재생에너지 전체 산업의 규모와 종사자 수에서는 이미 원자력의 규모를 초과하고 있다.

신에너지인 수소의 경우도 수소차와 연료전지를 필두로 하여 지속 성장 중으로, 우리나라는 2019년 수소차 보급 세계 1위를 달성하고, 2020년 7월에는 세계 최초로 부생수소 연료전지발전소를 개소하는 등의 성과를 거두고 있다.

에너지 저장장치인 수소 ESS의 경우는 재생에너지의 간헐성·변동성에 대응하기 위한 필수적인 장치이다. 재생에너지 출력 변동을 경감하거나 피크 감축을 통해 전기요금을 절약하고 송배전망 투자를 대체할 수 있는 주요한 역할을 담당하고 있어, 재생에너지 비율이 확대될수록 더욱 그 중요성이 커질 것이다.

수요 측면

수요 측면에서는 에너지 효율을 향상하여 같은 수준의 효용을 얻으면서도 에너지를 적게 사용할 수 있어야 한다. 국제에너지기구IEA에 따르면 '에너지 효율 향상'은 재생에너지나 탄소 포집·활용 및 저장CCUS 기술보다 온실가스 기여도가 높은, 가장 친환경적이고 경제적인 에너지원이다.

지금은 코로나19로 인한 경기침체로 경제성장과 전력 소비가 모두 감소하는 추세이지만, 이미 주요 선진국들은 2000년대 이후 에너지 효율 향상을 통하여 GDP는 증가하면서 에너지 소비는 감소하는 '탈동조화Decoupling'에 성공한 바 있다. 반면 우리나라는 에너지 다소비 업종 중심의 산업구조 등으로 인해 전체적인 에너지 효율은 선진국 대비 낮은 편이다. 에너지 효율을 나타내는 지표인 에너지 원단위국가의 전체 에너지 소비량을 GDP로 나눈 값가 2018년 기준으로 전체 OECD 36개국 중 33위에 해당한다는 점이 이를 잘 드러낸다. 효율 개선을 위해서는 산업·건물 부문 에너지 다소비 사업장에 대한 에너지 관리를 강화하고, 고효율 가전·조명 등을 확산시키는 등 많은 노력이 필요할 것이다.

최근에는 특히 IT를 접목한 수요 관리의 디지털화가 논의되고 있다. 예를 들어 공장에 에너지관리시스템FEMS을 설치하여 각 부문별 에너지 흐름의 데이터를 수집하고 자동으로 제어하는 기술, 가정에 지능형 전력 계량기와 스마트 가전을 보급하여 '국민 DR에너지쉼표'[03]에 참여하게 하여 에너지 소비 절약에 대해 인센티브를 부여하는 방안 등이 이에 해당한다.

03 DR은 Demand Response의 약자로, '수요 반응'이라는 뜻이다. 이는 전기 사용이 집중되는 시간대에 소비자가 전기 사용을 줄이면 보상을 제공하는 제도이다. 국민 DR의 정식 명칭은 '에너지쉼표'로, 전기 소비자가 전력을 덜 쓰는 만큼 정부 보조금을 받는 수요 자원 거래시장 제도를 일반 가정과 사업장으로 확대한 것이다.

잠깐

온실가스 감축 기술로서 CCUS는 유효한가?

온실가스 감축을 위해서 신재생에너지의 확대 보급, 효율 향상, 수요 관리 등과 함께 CCUS Carbon Capture Utilization and Storage, 탄소포집·활용·저장 기술을 통한 직접 감축이 주요한 감축 포트폴리오를 구성하고 있다.

조사기관과 조사연도에 따라 CCUS 기술의 온실가스 감축 기여도는 차이가 있으나, 대체로 전 세계 온실가스 감축량의 9~19%를 CCUS 기술을 통해 감축할 것으로 예측하고 있다. 가장 보수적으로 평가했던 2019년 통계를 바탕으로 하더라도 CCUS 기술은 2050년까지 전 세계 온실가스 감축의 약 9%를 감당할 것으로 평가된다.

최근 전 세계적인 탈탄소·탈석탄 기조에 따라 CCUS의 유효성 논쟁이 등장하기도 했다. 그러나 기존의 석유화학·시멘트·철강 등 산업계 대규모 배출원과 LNG 개질을 통한 수소 생산산업이 대량의 이산화탄소를 배출하는 새로운 다배출원으로 등장하면서, 산업과 연계되는 CCUS 기술이 빠르게 증가하고 있다. 덕분에 CCUS의 유효성에 대한 논쟁은 해소되고 있다.

우리나라는 2010년 '국가 CCS 종합 추진계획'을 발표하여 기술개발을 추진해왔으며, 2019년 제3차 '녹색성장 5개년 계획'을 통해 본격적인 실증 전략을 제시하고 CCUS 기술의 상용화에 착수했다. 우리나라의 경우 지질학적 특성으로 인해 대규모 육상 저장소가 부재하고, 높은 인구밀도로 인해 수용성과 관련된 문제도 등장할 것으로 예상되기 때문에 육상 CCS Carbon Capture and Storage 의 추진이 쉽지 않은 상황이다. 특히, 2017년 발생한 포항 지진으로 인해 유발 지진에 대한 우려가 국민들에게 크게 자리잡고 있어 육상에서 대규모 CCS 추진은 수용성 확보에 어려움이 예상된다. 따라서 국내 CCS 프로젝트의 경우 대규모 저장소가 존재하는 육지로부터 최소 60킬로미터 이상 떨어진 해양에서 추진할 것을 계획하고 있다.

최근 이산화탄소 지중 저장의 안전성에 대한 연구의 성장으로, 유발 지진을 방지하고 제어할 수 있는 저장소 선정 기술 및 압력 제어 기술과 누출의 위험을 최소화할 수 있는 시추공 완결 기술 및 모니터링 기술이 확보되었다. 덕분에 전 세계 CCS 프로젝트가 안정적으로 운영되고 있으며, 지역사회에 대한 홍보와 소통을 통해 수용성 환경도 점차로 개선되고 있는 상황이다.

다만, 우리나라의 경우 유가스전 개발 경험이 부족하고, 실제 운영 중인 국내 유가스전이 거의 없기 때문에 동해 가스전도 2022년 생산 종료 예정 원유 회수율 증진EOR 기술의 활용이 어려워 CCS 기술의 상용화를 위해서는 효율을 향상하기 위한 기술개발의 중요성이 매우 큰 상황이다.

또한 부족한 CCS 기술의 경제성을 보완하기 위한 창의적인 전략도 요구되는데, CCS와 CCU를 통합한 CCUS 통합 프로젝트와 수소산업, 석유가스 개발, 신재생에너지 등과 연계한 하이브리드 CCS 프로젝트의 개발은 CCUS 기술의 상용화를 앞당기고 새로운 탄력성장의 기반이 될 수 있을 것이다.

탄력적 도약을 위한 핵심기술

에너지 전환 정책이든 한국형 뉴딜 정책이든 공통적인 것은 ① 태양광·풍력 등 재생에너지, ② 수소 에너지·연료전지 등 신에너지, ③ ESS 산업, ④ 에너지 효율 개선 사업 및 에너지와 IT 접목 사업FEMS, BEMS 등 활성화 등 수요 자원 관리 사업, ⑤ 중앙집중형에서 분산형 에너지 시스템으로 전환 마련 등 기존의 전통적인 에너지 공급 방식에서 벗어나려는 특징이 있다. 즉, 기후변화 대응, 친환경 및 안전성 등을 목적으로 에너지 전환 정책이 수립되어 진행되고 있으나 결과적으로는 분산화, 다양화 및 전산화를 외치고 있다는 것이다. 이러한 목표는 위기 시 대응 역량 강화의 목표와도 일맥상통하는 측면이 많다.

현재 추진 중인 에너지 전환 정책 및 한국판 뉴딜에서 제시하고 있는 에너지 신기술 중, 블랙타이드 위기 시 피해를 최소화하고 대량 수요가 발생할 수 있는 탄력적 도약 역량 강화의 핵심 기술을 중심으로

탄력적 도약 역량 강화의 핵심 기술

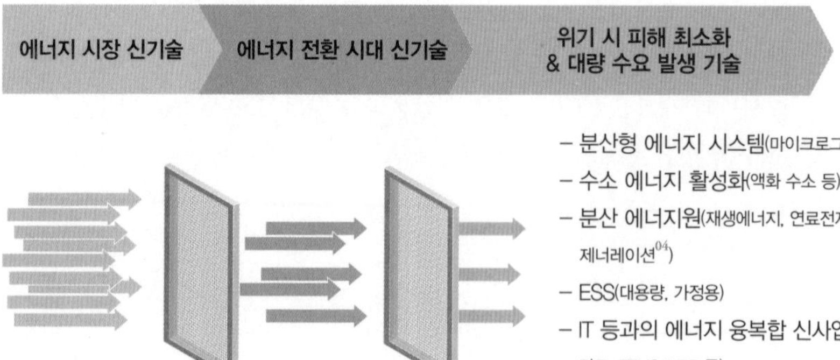

- 분산형 에너지 시스템(마이크로그리드)
- 수소 에너지 활성화(액화 수소 등)
- 분산 에너지원(재생에너지, 연료전지, 마이크로 제너레이션[04])
- ESS(대용량, 가정용)
- IT 등과의 에너지 융복합 신사업(스마트 그리드, FEMS, VPP 등)

…

살펴보면 다음과 같다.

혁신 산업화 후보 1. 수소 에너지

정부는 '수소경제 활성화 로드맵'2019년 1월을 발표한 이후 지속적인 후속 조치를 취하고 있다. 수소 에너지는 연료전지 및 수소차를 중심으로 추진되고 있으나 장기적으로는 산업용 등 산업 전반에 활용될 수 있을 것으로 예상되고 있다. 수소 에너지의 공급방식은 액화 탱크로리, 고압 기체 탱크로리, 전용 배관 기체 공급 등 다양한 방식으로 공급되어 기존의 화석연료 의존도를 크게 낮출 수 있을 것으로 기대되는 에너지원이다.

위기 시 대응 능력 관점에서 본다면 수소 에너지는 탱크로리액화 수소 혹은 고압 수소로 공급되는 분산형 에너지원으로서 가치를 인정받을 수 있는 에너지원이다. 수소 에너지는 현재로서는 생산 및 수송 비용 과다로 경제성이 낮은 상태이나 지속적인 정부 지원과 기술개발이 이루어지면 성장 가능성이 매우 높은 에너지원이다. 전 세계가 수소 경제 구현을 위하여 대규모 재정지출을 하고 있으며 수소 산업의 선도적 위치를 점유하기 위해 노력하고 있다.

04 분산 발전과 스마트한 에너지 관리를 위한 기술이다. 기존의 중앙집중형 대용량 설비의 대체 개념으로, 다수의 소용량 설비를 연결하여 기존의 냉난방 부하 및 전력 부하를 공급하는 소형 설비 네트워킹 기술을 말한다.

혁신 산업화 후보 2. 분산자원 및 IT와 결합된 분산형 에너지 시스템

(패키지형 에너지 시스템)

재생에너지, 마이크로 CHP 및 연료전지로 대표되는 분산 전원은 마이크로그리드와 결합되면 위기 시 피해를 최소화할 수 있는 에너지원이다. 그런데 우리는 재생에너지든 마이크로 CHP든 기술 경쟁력에서 열위를 면치 못하고 있는 실정이다. 다만, 우리나라의 우수한 통신기술과 결합하여 마이크로그리드 운영 솔루션을 개발하는 것은 상대적으로 가능성이 높은 영역이므로 지속적인 관심이 필요하다. 참고로 동일본 대지진 이후 스마트 마이크로그리드에 대한 재평가가 이루어졌으며, 이러한 위기가 반복될수록 분산 전원에 기반한 스마트 그리드는 더욱 각광받을 것으로 예상된다. 하지만 무엇보다도 신산업 발전을 위해서는 전기사업에 대한 판매 및 배전 독점 등 국내 산업구조적 측면의 문제해결이 선결 과제인 상황이다.

혁신 산업화 후보 3. 장주기 대용량 에너지 저장 사업

탄소중립 시대 재생에너지 확대에 따라 ESS 등을 활용한 에너지 저장 사업은 블랙타이드에 선제적인 대응과 전력계통 및 수급안정 측면에서 중요한 역할을 할 수 있는 영역이 될 것으로 예상된다.

특히 현재까지는 짧은 시간 에너지를 저장했다가 방출하는 단주기 ESS 위주의 공급이 이루어졌으나, 다가오는 탄소중립 시대에는 봄·가을철에 전력수요를 초과하는 재생에너지 공급 가능량을 여름·겨울철에 집중되는 냉난방 수요에 활용하기 위한 장주기 대용량 에너지 저장 능력 확보가 에너지 위기 대응에서 중요한 도전과제가 될 전망이다.

이러한 장주기 대용량 에너지 저장 자원이 적기에 확충될 수 있도록 합리적인 보상체계 마련 등 정책적 지원이 필요하며, 탄소중립 시대에 대비한 탄력성장의 핵심산업으로 육성해나갈 필요가 있다.

위기 시 피해 최소화 및 대량 수요가 발생할 수 있는 에너지 신기술은 아직 기술 성숙도나 가격 경쟁력 측면에서 상대적 열세가 많다. 따라서 정부 재정지원 등을 통한 지원뿐만 아니라 정책적 최저 수요도 마련해주어야 하는 실정이다. 평상시에는 최저 수요를 보장하여 지속적인 기술개발을 유도하고 실제 위기 발생 시, 즉 레거시 비용 등이 최소화되는 시점에서 해외수출 등을 통해 재도약 성장을 추구해야 한다.

잠깐

에디슨의 시스템 혁신기술

"팔리지 않는 것이라면 나는 발명하지 않겠다. 시장에서 팔린다는 것이 바로 효용의 증거이고, 효용은 곧 성공을 의미한다." – 토머스 앨바 에디슨

1900년대 초 에디슨이 전구를 세상에 내놓았을 때, 그는 산업혁신의 시스템적인 특성을 충분히 이해하고 있었다. 에디슨은 전구 기술의 혁신에 집중하기보다는, 오랫동안 등유 램프에 길들여진 소비자들이 어떻게 등을 돌리게 할 수 있을까를 먼저 고민했다. 수많은 기업들이 전구기술 개발에 매진할 때, 그는 발전기·계량기·배전 및 분전반 등의 전력 시스템 전체를 통해 어떻게 전구가 수익을 창출할 수 있을지 고심했다. 결국 전구가 등유 램프에 비해 경쟁력을 갖추기 위해서는 배전 과정에 투입되는 구리 사용을 줄여야 함을 알았다. 이를 위해서는 저항이 높은 전구 필라멘트가 필수적임을 깨닫고 이를 설계에 즉시 반영했다. 즉, 에디슨은 시스템 혁신을 위한 기술을 시장에 내놓은 것이다. 그는 이 개념을 구현하기 위해 전기에 열광하는 사람들이 밀집했던 맨해튼 남부지역 월스트리트에 전략적인 거점 시장을 구축했고, 사업에 직접 투자가 가능한 사람들의 목전에서 시스템을 실증했다. 이 지역은 사업의 인가를 위한 규제 당국자들의 긴밀한 협조를 구하기에 유리한 곳이기도 했다. 당시 다른 기업들도 멋진 전구를 시장에 내놓았지만, 그 어느 것도 산업 시스템의 혁신을 도출하기엔 역부족이었다.[05]

05 https://dbr.donga.com/article/view/1401/article_no/2527/ac/a_view

에너지 신산업 수출

에너지 분야의 FAANG?

에너지 분야에서는 왜 페이스북, 구글 같은 기업이 나오지 않을까?

에너지 분야에는 기존 기업Incumbent을 중심으로 공고한 산업구조가 짜여 있다. 한국에서는 한국전력공사, 한국가스공사 등 대규모 기업들을 중심으로 에너지 시장이 구성되어 있다. 글로벌 에너지 분야에서도 석유 수출국의 국영기업을 중심으로 한 거대 기업들과, 이른바 석유 메이저들이 시장을 장악하고 있다. 전력 분야 역시 경쟁이 이루어지는 시장이 있더라도 치열한 경쟁이 이루어지기보다는 기존의 독점기업에서 출발한 기업들 간의 소극적인 시장 지키기 형식의 경쟁이 이루어지고 있다. 에너지 분야에서 이른바 'FAANG페이스북, 아마존, 애플, 넷플릭스, 구글'이라고 불리는 혁신 기업이 나타나지 못하고, 기존의 거대 기업 중심으로 시장이 존재하는 이유는 무엇일까?

첫째, 규모의 경제를 들 수 있을 것이다. 석유, 전기 등 에너지는 현실적으로 기업의 규모를 키우면 키울수록 더 많은 소비자들에게 더 안정적으로, 더 낮은 가격으로 공급할 수 있다. 따라서 새로운 기업들이 진입하는 데 분명한 한계가 존재할 수밖에 없다.

이러한 에너지 산업의 특성이 곧 두 번째 요인으로 연결되는데, 에너지 당국과 거대 기업들 간의 협력 관계가 생기게 되는 것이다. 정부의 입장에서는 에너지 분야에서 거대 기업의 존재가 소비자들의 이익으로 연결될 수 있는 가능성을 인정할 수밖에 없다. 그렇기 때문에 거대 에너지 기업의 시장 교란을 막되, 안정적 운영을 정책적으로 지원함으로써 소비자에게 혜택이 되도록 유도하면서 소비자와 공급자 모두 윈윈 하는 상황을 모색하는 것이 편리하다. 즉, 기존의 거대 기업 중심의 에너지 시장을 유지하는 것이 정책적으로 바람직하다는 의미이다.

마지막으로 에너지 분야는 제로섬 게임이라는 특성을 가지고 있다는 점도 간과할 수 없다. 최근 재생에너지가 일부 국가에서는 그리드 패리티 Grid Parity, 화석연료의 발전 단가와 신재생에너지의 발전 단가가 같아지는 시점를 달성하는 등 각광을 받으면서 재생에너지의 전력 생산 비중이 전 세계적으로 상승하고 있다. 그런데 전력 수요가 획기적으로 증가하지 않는 한, 이러한 현상은 기존 발전원의 파이를 빼앗아 가는 결과로 나타날 수밖에 없다. 이러한 현상이 미국에서는 석탄발전과 재생에너지 간의 헤게모니 다툼으로, 우리나라에서는 장기적인 원전 비중 감축 및 석탄발전소 대폭 축소로 인한 논란 두산중공업 위기 등 으로 나타나게 되는 것이다. 이에 정부가 굳이 정치적 부담을 지면서 기존의 틀을 크게 바꿀 유인이 적게 발생하며, 기존의 대규모 기업들도 현재의 영역에서 만족하면서 새로운 영역으로의 진출을 꺼리게 되는 것이다.

제안 1. 새로운 에너지 시장을 위한 제도적 보완

기술의 발전으로 인해 코로나 이전에도 새로운 시장이 열리고 있었다. 셰일가스 혁명 때문에 기존의 OPEC을 중심으로 한 석유 카르텔의 힘이 점점 쇠약해졌으며, 태양광발전의 가격이 하락함에 따라 대규모 설치가 이루어지면서 덕 커브가 나타나는 등 중앙집권형 전력시장 구조도 점점 무너지고 있다. 또한 수송 분야에서는 하이브리드 자동차를 넘어 테슬라를 필두로 한 전기자동차가 확산되면서 휘발유와 디젤 수요도 유의미하게 감축될 것으로 예상된다.

그런데 기존의 제도는 그대로 놓아둔 채 에너지 기업들이 알아서 변화에 적응하도록 방치한다면, 결국 우리나라의 에너지 공룡들은 변화에 적응하지 못하고 무너지게 될 것이다. 한국은 그동안 매우 어려운 환경에서도 한국전력공사·한국가스공사 등 거대 에너지 공기업들과, SK·GS 등 주요 정유·석유 화학 대기업들을 중심으로 나름대로 안정적인 에너지 시장을 유지해왔다. 다만 이러한 공룡 위주의 에너지 시장 구조는 변화에 취약할 수밖에 없다. 기존 기업들은 현 구조를 최대한 오래 유지하고자 하는 유인을 가지기 때문이다. 따라서 제도적으로 기존의 시장에 틈을 만들어 주어야 한다.

제안 2. 정책적 쐐기 전략(틈새 만들기 전략)

우리나라와 같이 IT 산업이 발전한 국가에서는 에너지 시장에 변화를 일으킬 수 있는 틈을 만들고 활용할 수 있는 여지가 많다. 예를 들어 전력시장의 세부 데이터를 분석하여 시장 내 다양한 보조 서비스 시장을 만들어낼 수 있을 것이다주파수 조절 시장 등. 특히나 우리나라의 경우 전력 계통상 섬이기도 하고, 유의미한 화석연료 자원도 사실상 전무한 매우 가혹

한 환경이기 때문에, 한국에서 성공하게 되면 좀 더 환경이 좋은 해외시장으로 진출하기 위한 벤치마크로 사용하기도 유리할 것으로 기대된다.

에너지 혁신 기업이란 인공지능, 빅데이터, 클라우드, 사물인터넷IoT 등 4차 산업혁명 기반 기술을 이용한 기술 간 융복합을 통해 에너지 산업에 새로운 제품과 서비스를 창출하는 기술 기반의 기업을 의미한다. 기술력 있는 에너지 혁신 기업들은 주도적으로 새로운 틈새시장을 창출하고 기존의 에너지 시장에 변화를 불어넣을 수 있다. 이러한 기술혁신형 기업들에는 탈탄소화·분산화·디지털화라는 에너지 산업 패러다임을 이끌고, 동시에 산업구조 변화에 따른 신재생 간헐성·주파수 및 전압 과부하·출력 제어로 인한 비효율성 등 기술적인 문제를 해결하는 역할도 기대할 수 있다.

해외에서는 이미 에너지 시장에서 혁신적인 제품과 서비스를 통해 다양한 비즈니스 모델을 성공적으로 안착시킨 기업들이 등장하고 있다. 예를 들어 신재생에너지 보급률이 높은 독일에는 루메나자라는 기업이 있다. 루메나자는 블록체인으로 암호화된 분산 전원 플랫폼을 통해 재생에너지 전력을 중개하고, 소비자들은 안전한 플랫폼을 통해 원하는 종류의 재생에너지를 구매한다. 또한 이탈리아의 에넬엑스는 자체 개발 소프트웨어를 통해 전 세계 8,000개의 고객으로부터 원전 6기 설비 규모인 6기가와트의 수요 자원을 관리하고 있다. 이처럼 해외에서는 이미 중앙집중적인 전력 공급의 패러다임 변화가 본격화된 상황이다.

제안 3. 혁신 기업화

우리나라에도 혁신의 싹이 트고 있다. 약 2,000여 개의 혁신 기업들이 기술력과 혁신성을 바탕으로 새로운 에너지 산업에서 비즈니스를 확장하기 위해 고군분투중이다. 다만 경직적인 시장구조와 시장의 관심 부족으로 인해 정책적인 지원이 절실한 상황이다. 또한 기존의 에너지 공기업, 대기업 등 공룡 기업들과의 연대를 통해 협력적인 관계를 구축하는 것도 필요하다. 정부는 에너지 산업의 성장이 기대되는 6대 유망 분야를 타겟팅하여 집중적으로 혁신 기업의 생태계 조성을 위한 정책적 지원을 할 계획이다. 혁신 기업의 생태계가 조성될 때, 새로운 에너지 산업에서 탄력성장을 위한 도약의 계기가 마련될 것이다. 이때 탄력적 재도약 역량 강화를 위한 기술을 선정하여 혁신 기업화로 연결시키는 것이 필요하다.

제안 4. 에너지 수출 산업화 전략

세계 에너지 수요는 인구 증가, 도시화 가속화, 경제성장 등에 따라 2017~2040년 기간 중 25% 이상 증가할 것으로 전망된다. 에너지원별로는 재생에너지와 천연가스 수요가 빠르게 증가하고, 화석 에너지 의존도는 2017년 81%에서 2040년 74%까지 감소할 것으로 예상된다. 특히 재생에너지는 2040년까지 1차 에너지 수요 증가분의 약 45%를 차지하여, 2040년 1차 에너지 수요 중 17%발전량 중 41%를 기록할 전망이다.

국가별로는 인도, 중국, 동남아시아의 신흥국들이 세계 에너지 수요 증가를 견인할 전망이다. 중국은 2040년까지의 수요 증가율 1.0% 이 2000~2017년 증가율 4.4% 대비 크게 감소하겠지만, 여전히 높은 수준으로 세계 최대 에너지 소비국을 유지할 전망이고, 인도는 2040년 에너지 수요가 2017년 대비 2배 이상 성장하여 전 세계 에너지 수요 증가를 견인할 것으로 예상된다.

이러한 세계 에너지 수요 전망은 그동안 원유 수입·정제를 통한 석유 제품의 수출 등 화석연료가 에너지 수출의 큰 비중을 차지했던 우리나라의 에너지 수출 전략이 변화해야 할 필요가 있음을 의미한다. 인도, 중국, 동남아시아의 신흥국들을 중심으로 신재생에너지 등 친환경 에너지의 수출 산업화 전략이 마련되어야 한다.

세계 1차 에너지 수요 전망 및 비중

단위: MTOE | 자료: IEA, 『세계 에너지 전망 2018』.

원별	실적		전망		연평균 증가율 (2017~2040년)
	2000년	2017년	2025년	2040년	
석유	3,665(37%)	4,435(32%)	4,754(31%)	4,894(28%)	0.4%
천연가스	2,071(21%)	3,107(22%)	3,539(23%)	4,436(25%)	1.6%
석탄	2,308(23%)	3,750(27%)	3,768(24%)	3,809(22%)	0.1%
원자력	675(7%)	688(5%)	805(5%)	971(5%)	1.5%
재생에너지	662(7%)	1,334(10%)	1,855(12%)	3,014(17%)	3.6%
계	10,027	13,972	15,388	17,715	1.0%

첫째, 기술혁신 및 수출 중심의 산업 생태계 활성화 전략이 필요하다.

최근 세계 재생에너지 시장은 초기 시장을 주도해온 미국·일본·독일 등과 내수시장을 토대로 급성장중인 중국 등의 경쟁이 치열해지며, 각국 기업들은 원가절감 노력과 고효율 프리미엄 제품 개발에 주력하고 있다.

우리나라는 기술력은 중국 등 경쟁국보다 우위이나, 세계 최고 수준에는 못 미치고 있으며, 가격경쟁력도 경쟁국에 열위인 상황이다. 따라서 수출 확대를 위해서는 우리나라 기업들을 대상으로 글로벌 경쟁과 미래 시장을 고려한 투 트랙 R&D 연구·개발 지원이 필요하다. 글로벌 경쟁력 제고를 위해 고효율화, 단가 저감 등의 R&D를 적극 지원하고, 미래 시장 공략을 위해 차세대 기술에 대한 R&D를 중점 지원해 나가야 한다.

이러한 R&D를 통한 기술 경쟁력 강화가 산업 생태계 활성화 및 수출 확대로 연계될 수 있도록 전략적인 지원 정책도 필요하다. 예를 들어 셀모듈 성능 향상을 유도하기 위한 최저 효율제의 도입, 미래 시장 확대가 예상되는 수상·해상 태양광 개발을 위한 공유수면 점용료 및 사용료 인하 등이 기술개발을 촉진할 수 있을 것으로 기대된다. 또한 재생에너지 수출 기업에 대한 대출금리 인하 등 수출 금융 우대, 국산제품을 사용하여 해외 프로젝트 수주 시 보험요율 인하 등 무역금융이 확대되어야 할 것이다.

둘째, 전략 시장별 맞춤형 진출 전략과 지원 전략이 필요하다.

① 아랍에미리트, 사우디아라비아, 요르단 등 중동 국가는 현재 시장규모는 매우 미미하나, 발전 단가가 낮은 태양광을 중심으로 에너지 전환에 대한 관심이 증대되는 상황이니 태양광 연계 담수화 설비 및 태양광 수전해 기술 등의 진출 전략을 추진해야 한다.

② 필리핀, 인도네시아 등 소규모 도서지역의 독립 계통형 시장인 동남아시아 지역 국가들에는 에너지 저장장치ESS와 재생에너지 발전을 연계하여 타당성 조사FS, 사업발굴, MDB 등을 활용한 자금조달까지 원스톱 체계로 진출해야 한다.

③ 남미, 아프리카 지역 등의 신흥국가들에는 ODA 등 해외원조 사업을 활용하여 시장선점 전략을 추진하여야 한다.

셋째, 에너지 서비스와 결합된 융복합 패키지 수출 전략이 필요하다.

전 세계적으로 수송 분야에 대한 환경규제가 강화되면서 전기·수소차가 빠르게 확산되고 있다. 이에 따라 인도나 동남아시아 신흥국 등을 중심으로 전기자동차의 충전을 위한 전기충전기, 송배전망, 발전설비 등에 대한 수요가 빠르게 증가하고 있다. 또한 수소 전기차에 대해서도 수소 충전을 위한 수소 충전소, 수소 생산·유통 기술에 대한 관심도 크게 증가하고 있다. 따라서 우리나라의 세계적인 전기·수소차 기술과 함께 충전 서비스 기술·장비, 에너지 설비 등을 패키지로 수출하는 전략과 지원 정책이 필요하다. 더 나아가 스마트 그리드 및 전기자동차가 ESS 기능을 수행하는 V2G 서비스 모델, 재생에너지를 통한 수소 생산기술 등 친환경 자동차와 연계한 차세대 기술도 개발하여 패키지로 수출함으로써 관련 시장의 선점을 기대해볼 수 있다.

잠깐

저렴한 전기요금이 신산업 창출의 걸림돌?

국어대사전에 이미 답이 나와 있다

국어대사전에서는 '산업'을 '인간의 생활을 경제적으로 풍요롭게 하기 위하여 재화나 서비스를 생산하는 사업'으로 정의하고 있다. 한편 재화나 서비스는 일반적으로 일정한 대가를 지불해야 획득할 수 있다. 따라서 '신新산업'이라는 단어에는 이미 재화와 서비스의 제공, 그리고 이에 대한 반대급부로서 일정 수준의 대가를 지불하는 경제 활동이 전제되어 있는 것이다. 즉, 신산업을 포함한 산업의 본질은 경제적 가치의 교환이다. 따라서 '경제적 의미의 수익'을 창출하지 못하는 활동은 '산업'의 범주에 포함되기 어렵다. 그렇다면 이른바 에너지 신산업은 우리나라에서 경제적 의미의 수익을 창출하고 있는가?

에너지가 새로운 산업으로 발전하는 세 가지 방법

과거의 에너지 산업은 에너지 자체를 거래하는 것을 주된 활동으로 하는 것이었다. 1차 에너지인 석유·석탄·가스를 판매하는 것에서 시작하여, 석유·석탄·가스를 활용해 생산한 2차 에너지인 전기를 판매하는 것으로 발전해왔다. 에너지 신산업은 크게 세 가지 유형으로 구분할 수 있다.

에너지 신산업의 3가지 유형

전통적 에너지 산업 = 에너지 거래	소비자의 에너지 사용 행동양식 및 정보 기반의 서비스	에너지 산업과 다른 산업 융합, 새로운 서비스나 재화 공급

첫째, 전통적인 에너지 산업 =에너지 거래 의 형태를 다양화하는 것이다.

예를 들어 기존의 에너지 거래가 판매자와 구매자가 명확하게 구분된 형태였다면, 최근에는 판매자와 구매자의 역할이 명확하게 구분되지 않고 혼재되는 형태로 나타나며, 그 과정에서 에너지 거래방식 또한 다변화되고 있다.

둘째, 소비자들이 에너지를 사용하는 행동양식과 정보를 기반으로 서비스를 제공하는 것이다.

소비자들의 행동양식을 기반으로 서비스를 제공하는 대표적인 분야로 금융 서비스를 들 수 있다. 과거에는 화폐를 보관하는 기능에서 시작했으나, 최근에는 소비자가 화폐를 어떻게 사용할 것인지, 자산을 어떻게 관리할 것인지에 대한 서비스 산업이 우리 생활 속에 익숙하게 자리잡고 있다. 에너지를 소비하는 행위는 기본적으로 비용이 수반된다. 만약 일정 비용을 지불함으로써 에너지 사용에 관한 정보를 정확하게 인지하게 되고, 에너지를 좀 더 효율적으로 사용할 수 있게 되어 에너지 소비에 따라 발생하는 총비용이 감소한다면 소비자들은 기꺼이 이러한 서비스를 이용하게 될 것이다.

셋째, 에너지 산업과 다른 산업을 융합하여 새로운 서비스나 재화를 소비자에게 공급하는 것이다.

에너지 산업과 건축업의 결합을 예로 들어보자. 과거에는 건축업자는 집을 만들어 판매하고, 이 집을 구매한 소비자가 전기를 사용하는 계약을 전기 판매회사와 별도로 맺는 방식으로 거래가 이루어졌다. 하지만 두 가지 산업이 결합한다면, 건축업자가 집을 만들면서 동시에 전기 판매회사와 대규모 전기 사용 계약을 체결하여 개별 소비자가 전기 사용 계약을 맺는 것보다 저렴하게 전기를 공급하는 서비스까지 함께 제공하는 것이다. 전기 소비자 입장에서는 좀 더 저렴한 가격에 별도로 전기 사용 계약을 맺지 않아도 되는 편익이 발생하며, 건축업자 입장에서는 다른 건축물과는 차별화된 특색을 강조할 수 있어 홍보효과를 기대할 수 있다. 마지막으로 전기 판매회사 입장에서도 대규모 계약을 체결함으로써 전력 수요를 예측 가능한 수준에서 안정적으로 유지할 수 있어 비용이 절감되는 효과가 발생한다.

낮은 전기요금은 에너지 신산업에 어떤 영향을 주는가?

먼저 첫 번째 유형, 즉 전통적 에너지 산업의 신산업을 살펴보자.

전기라는 에너지를 거래하는 과정에서 기대되는 수익은 바로 전력 도매가격과 소매가격의 마진이다. 소매가격이 높을수록 마진이 높아져 사업자는 수익을 확보하기 용이해지며, 다양한 형태의 사업을 추진할 수 있게 된다. 즉, 사업화로의 진입장벽이 낮아지는 것이다.

전기요금이 낮다는 것은 소매가격이 낮다는 것을 의미하며, 이는 그만큼 도소매 가격 차이에 따른 마진을 확보하는 것이 어렵다는 것을 의미한다. 그만큼 사업자들에게는 진입장벽이 높아지는 효과가 발생한다. 특히 에너지와 관련된 신산업 재생에너지 발전사업 등은 초기 시장의 특성상 규모의 경제가 발생하지 않기 때문에 사업자들의 초기비용 부담이 클 수밖에 없는데, 이로부터 확보할 수 있는 마진이 크지 않을 경우 그에 비례하여 사업 참여 유인은 낮아지게 된다.

낮은 수준의 전기요금은 두 번째 유형, 즉 '소비자의 에너지 사용 행동양식 및 정보 기반의 서비스'라는 신산업을 활성화하는 데에도 크게 도움이 되지 않는다.

전기요금을 비롯한 에너지 요금이 소비자에게 절감 유인을 제공하는 수준이 되어야 하는데, 전기요금이 낮아서 소비자에게 부담으로 작용하지 않는다면 소비자는 전력 소비에 관한 정보에 관심을 가지지도 않을 것이고, 이로부터 행동을 바꾸는 데에 관심을 가지지도 않을 것이다. 우리나라의 산업용 전기요금은 낮은 수준이며, 소비자들의 에너지 요금에 대한 관심 특히 주택용 전기요금 수준 또한 크지 않다. 에너지 소비와 관련된 새로운 서비스에 대한 소비자의 관심을 끌기에는 너무나도 척박한 환경이다.

마지막으로 세 번째 유형, 즉 에너지 산업과 다른 산업을 융합한 신산업도 낮은 전기요금으로 인해 우리나라에서 자리잡는 데 어려움을 겪고 있다.

에너지 산업이 새로운 산업과 융합할 때 소비자에게 발생하는 가시적인 효과는 바로 비용절감이다. 그런데 이미 전기요금이 더 이상 낮아질 수 없는 우리나라의 상황에서는 새로운 산업과의 융합은 융합이 아니라 물리적인 결합에 불과하다. 엄밀히 말하면 우리나라에서는 한국전력공사에만 전력 판매사업을 허용하고 있어 이마저도 불가능한 상황이다. 이는 소비자 입장에서는 추가적인 혜택이 발생하지 않고, 사업자의 입장에서는 불필요한 비용만 증가시킬 뿐이므로 사업화의 유인이 발생하기 어렵다.

신산업 활성화를 위해 전기요금을 올려야 할까?

전기요금의 공공성을 강조하는 입장에서는 에너지 신산업을 활성화하기 위해 산업용 전기요금을 인상하는 것은 주객이 전도된 것이라는 비판을 제기할 수 있다.

이러한 지적은 우리나라의 전기요금이 정상적인 수준이라면 타당하다. 하지만 우리나라의 전기요금은 정상적인 수준보다 낮게 설정되어 있다. 최근까지도 전기요금보다 전기를 생산하는 데 발생하는 비용원가이 더 높은 수준이다.

신산업을 활성화하기 위해 정상적인 수준 이상으로 전기요금을 인상하여 국민들에게 부담을 지우자는 것이 아니다. 최소한 정상적인 수준으로 요금을 설정하여 민간영역이 사업화에 대한 고민을 할 수 있는 여지라도 만들어주어야 한다는 것이다. 이에 대해서는 정부가 재정을 투입한다면 낮은 수준의 요금을 유지하면서도 신산업을 활성화할 수 있을 것이라는 반론이 제기되기도 한다.

산업 초기 정부의 역할은 분명 필요하다. 하지만 그것은 어디까지나 보조적인 역할일 뿐 정부 재정으로 언제까지나 특정 산업을 지원하는 데에는 한계가 있기 마련이다. 이는 정부의 규제를 필수적인 분야로 한정하고 불필요한 규제를 완화하여 신산업을 활성화해야 한다는 주장이 '규제 샌드박스'라는 정책으로 구체화된 사례를 통해서 이미 입증된 바 있다.

전반적인 시스템이 바뀌어야 한다

에너지 신산업 활성화가 중요한 과제이지만, 그렇다고 해서 전기요금의 공공성은 쉽게 포기할 수 있는 가치가 아니며, 이에 대해서는 사회적 동의를 구하는 절차가 반드시 필요하다.

전문가와 정부가 일방적으로 주장하고 이끌어나가는 방식으로는 '낮은 전기요금과 에너지 신산업 활성화'의 딜레마를 풀어낼 수 없다. 신산업이 어떤 방식으로 국민들의 삶에 긍정적인 효과를 유발하는지 체감할 수 있어야 하며, 공공요금으로서 전기요금의 공공성은 어떤 방식으로 유지할 수 있을 것인지에 대한 진지한 토론이 필요하다.

지금까지의 에너지 산업과 정책을 유지해왔던 우리 사회의 시스템 전반을 살펴보고, 새로운 시스템 구축에 대한 고민이 필요한 시점이다.

탄력적 에너지 거버넌스

초불확실성의 시대에 탄력적 도약 역량을 강화하기 위해서는 기존의 계층적 혹은 중앙집중적 정책 집행 방식으로는 한계가 있다. 규모의 경제 효과나 공급 안정성을 강조하는 전통적인 에너지 공급 시스템 아래에서는 중앙정부의 역할이 절대적이며 계층적 정책 집행이 효과적일 수 있다. 그러나 기후변화 대응, 국민안전 우선 및 국민 수용성을 중요시하는 에너지 전환 시대에는 새로운 에너지 공급 시스템이 필요하다. 즉, 재생에너지 혹은 수소 에너지 기반 분산 에너지 공급 시스템 구축, 친환경 에너지 시스템 구축, 안전한 에너지 시스템 구축이 그것이다. 그러면 당연히 따라올 의제는 기존의 거버넌스로 그러한 목표를 효과적으로 달성할 수 있을지에 대한 논쟁이다. 더구나 위기 시 탄력성장이 예상되는 에너지 신기술을 선정하고 혁신 기업화 목표까지 달성하기 위해서는 새로

탄력적 에너지 거버넌스 구성 요소

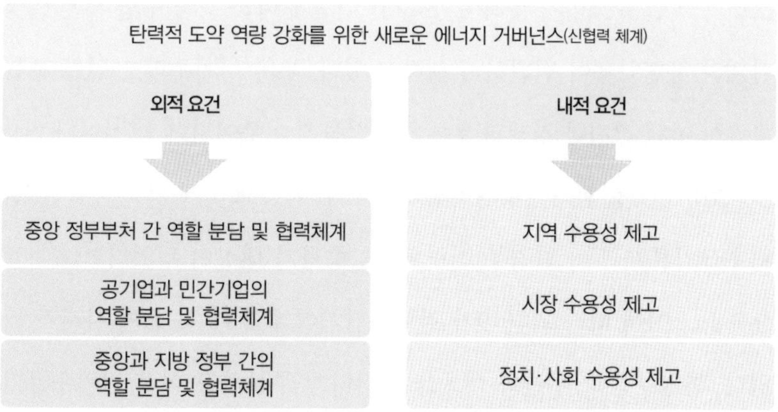

운 협력 관계 설정이 필요하다.

즉, 중앙정부, 지방정부, 시민단체 및 산업계 등 이해 관계자들이 공동의 목표를 설정하고 이를 달성하기 위한 새로운 협력관계탄력적 신에너지 거버넌스를 모색하는 것이 필요하다. 앞에서 말한 바와 같이 탄력적 에너지 거버넌스는 신협력 관계를 구축할 수 있는 외적구조정부구조, 산업구조, 시장구조 등뿐만 아니라 이러한 외적구조 아래에서 신협력 관계를 형성할 수 있는 내적구조에너지 수용성 강화를 포괄하는 개념이다.

제안 1. 에너지·환경 균형의 거버넌스

기후변화 대응, 재생에너지 보급 확대, 수소 경제 활성화 및 분산 전원 확대에 따라 우리나라의 에너지 정책은 이전보다 잦은 중앙정부 부서 간환경부·산업통상자원부·국토교통부·해양수산부·농림축산식품부 등 정책 조정의 중요성이 높아지고 있다. 더구나 위기 발생이 상시로 일어나는 초불확실성의 시대에는 부서 간 유기적 정책 조정이 좀 더 절실하게 필요하다. 그러나 현실은 그렇지 못하여 부처 간 이견에 따라 정책 수립 혹은 실행 단계의 불협화음이 빈번히 발생하고 있다. 부처 이기주의로 인한 불협화음이 아닌 건전한 경쟁과 토론은 활발하게 이루어져야 할 것이다.

2015년 6월 환경영향평가법 개정으로 핵심 에너지 기본 계획인 '전력수급기본계획'이 환경부 전략환경영향평가 대상이 되었다5년 주기 대상 재검토. 이에 따라 최근 '9차 전력수급기본계획'이 첫 번째 사례가 되었다. 환경부는 기후변화 대응을 강력하게 주문하고 이를 전력수급기본계획에 구체적으로 반영해야 한다고 주장하고, 산업통상자원부는 에너지 산업 특성을 고려해 전환 부문 온실가스 감축 목표를 현실화하여 반영하고자 한다.

그러나 기후변화에 대한 대응 강도가 높을수록 에너지 공급원가 또한 급격히 상승할 것이며, 관련 발전 사업자들의 좌초비용 문제 또한 심각하게 발생할 것이다. 급속한 에너지 전환에 따른 비용은 누가 부담할 것인가?

전기 소비자, 전력 판매 사업자, 발전 사업자 혹은 발전사업에 투자한 투자자 등 비용 분담에 관한 이슈는 산업통상자원부의 몫이 될 것이다. 반대로 기후변화 대응을 강하게 요구하는 환경부가 없다면 온실가스 감축 정책은 지금보다 완화될 것이다. 기후변화 대응은 범정부

우리나라 경제구조의 특성

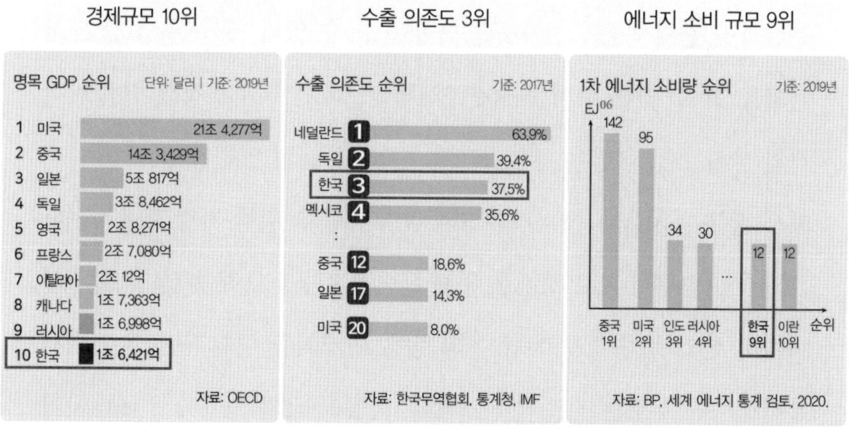

06 EJ는 에너지 소비 단위인 ExaJoules(엑사줄)의 약자이다. 1EJ=1,000,000,000GW

차원의 문제이며, 따라서 이에 대한 대응 계획은 유관 부서들과 수평적 관계에서 좀 더 체계적이고 유기적인 협의과정을 통해서 해결해야 한다.

기후변화 대응 시대 혹은 위기 상존의 시대에 환경이 중요한 것은 분명하다. 그러나 우리나라는 제조업 중심 국가로서 경제규모 9위, 수출 의존도 3위 및 이를 뒷받침하는 에너지 다소비 순위 9위를 기록하고 있다. 즉, 국내 경제구조의 특성상 에너지 문제는 국민의 먹고사는 문제와 직결되는 것이다. 또한 2018년 기준 부문별 온실가스 배출량 및 비중을 보면 전환 부문이 2억 6,960만 톤37%, 산업 부문이 2억 6,160만 톤36%으로 73%가 산업부 소관이다. 에너지 부문 탄력성장을 위하여 환경부와 산업부의 신협력 관계가 중요한 이유이다.

특히 정부조직 개편보다 실질적으로 중요한 것은 조율자의 균형 있는 조정 역할이다. 아무리 조직구조가 잘되어 있더라도 조율 기능이 부실하면 탄력성장에는 아무런 역할을 할 수 없다. 정부 부서 간 조정 역할을 할 수 있는 부서는 정부조직법상으로는 국무조정실이며, 실질적인 상시 조정 역할은 청와대라 할 수 있다. 균형 있는 조율 기능 아래에서 정부 부처들은 에너지와 기후변화 대응을 위한 가장 효율적이며 효과적인 솔루션 확보 경쟁을 통해 탄력성장을 도모해야 한다. 그런 의미에서 산업부-환경부 통합 논의 등은 견제와 균형의 원리 측면에서 부적절하다고 보는 전문가들도 많다. 아울러 국가 경제에서 에너지가 차지하는 중요성을 감안하여 청와대 내에 에너지 수석과 같은 에너지 관련 주요 보직 신설에 대한 논의도 필요해 보인다. 이를 통해 환경과 에너지의 더 균형 있는 정책 조정 역할을 기대해본다.

제안 2. 공기업·사기업 균형 발전 거버넌스

기후변화 대응에서 시작된 에너지 전환은 탄력적 에너지 공급 시스템 목적으로도 가속화될 것이며, 앞으로 에너지 공급 시스템은 재생에너지 중심, 분산 전원 중심, 스토리지 중심, 디지털화, 독립형 스마트 그리드화 중심 등으로 변화할 것이다.

기존 대형 전원 중심의 중앙집중적 공급 시스템은 시기의 문제일 뿐 사라질 것으로 예상된다. 그리고 이러한 과정에서 기존 공기업 중심의 독점 에너지 공급 시스템 또한 변화할 수밖에 없을 것이다.

그러나 아직까지 우리나라는 전기 및 가스 공급 시스템이 공기업 독점으로 유지되고 있는 바, 변화하는 에너지 환경 아래에서 혁신 기업의 탄생을 가로막는 역할을 할 것으로 예상된다. 즉, 우리나라 에너지 산업구조 개편은 2000년대 전후로 본격적으로 추진되었으나, 경쟁 도입 과정에서 노조 등 이해 관계자와의 조정 실패로 중지된 상태로 계속 유지되고 있다.

우리나라 전력산업은 1999년 전력산업 구조개편 기본계획이 수립된 이후 2000년에 발전 분할만을 수행했고, 이후 2004년 노무현 정부 당시 경쟁 도입이 중지된 상태이다. 발전사업과 다른 전기사업송전·배전·판매의 겸업이 금지된 상태이며, 송전·배전 및 판매는 한국전력공사가 독점하고 있다. 일부 구역 전기사업이 민간에 의해서 추진되고는 있으나, 시장점유율이 1%도 안 되는 미미한 수준이다.

반면, 천연가스의 경우 1998년 발전용 등 대규모 직수입이 허용된 이후 지속적으로 직수입 물량이 증가하여 대용량 소비자에 대한 한국가스공사의 시장점유율이 10% 이상 이탈한 상황이다. 나아가 최근 국제 LNG 시장 호전으로 인하여 대용량 소비자의 경우, 대부분 직수입으로 전환할 것으로 예상된다.

요컨대, 전력산업이든 가스산업이든, 기존 고객에 대한 분할 방식을 통한 경쟁 도입은 노조 등 관련 이해 당사자들과의 조정 실패로 추진되지 못했고, 새로운 고객에 대해서만 경쟁을 허용하는 신규 진입 일명 쐐기 전략 혹은 구멍 뚫기 전략 방식으로 점진적인 경쟁 도입을 선택했다. 그러나 경쟁 도입 측면에서 전력은 실패했고 가스는 일정 부문 성공한 전략으로 평가된다.

똑같은 신규 진입 전략을 적용했는데 이러한 결과가 나오는 이유는 무엇일까?

이것은 신규 진입 방식이라 하더라도 두 산업의 보상 체계 시장 혹은 요금제도가 너무 다르기 때문이다. 천연가스의 경우, 국제 LNG 시장이 우호적일 때 장기 LNG 도입 계약을 하면 한국가스공사로부터 공급받는 것보다 직수입 가격이 지속적으로 낮게 형성되어 기업의 이윤창출로 곧바로 귀결된다. 반면 구역 전기사업으로 대표되는 전력사업 신규 진입자의 경우 천연가스라는 고가 연료로 발전을 하여 소비자에게는

산업구조에서 에너지 혁신 기업 생태계를 조성하기 위해서는 어떻게 해야 할까?

상대적으로 저렴한 한국전력공사 판매가격원자력·석탄·LNG 등의 복합 가중 평균 단가로 구매으로 판매하도록 강제하여 구역 전기시장 자체가 활성화될 수 없었다.

전력사업이든 천연가스 사업이든 소규모 소비자에 대한 소매 판매 부문은 여전히 공기업한국전력공사 혹은 지역 도시가스 회사가 독점권을 보유하고 있는 상황이다. 이러한 산업구조가 향후 변화하는 에너지 시스템 혹은 위기 시 탄력적 에너지 공급 시스템을 구축하는 데 도움보다는 오히려 장해 요인이 될 가능성이 높다.

분산형 에너지 시스템, P2P 거래, V2G, 에너지 클라우드, VPP 사업, 기타 4차 산업과의 융복합 에너지 신산업은 배전 혹은 소매판매 단계에서 발생한다.

그러나 우리나라의 에너지 산업구조상 소비 단계에서의 공급은 에너지 공기업 혹은 민간기업에 의하여 독점권이 유지되고 있는 상황이며. 또한 요금 규제나 공급조건 또한 형평성과 공정성에만 치중하여 획일적으로 운영되고 있다. 즉, 에너지 산업환경이 급변하고 창조적 파괴가 필요한 시대에 어울리는 산업구조는 아니며, 소비 단계에서의 다양성이나 창조성에 기반한 혁신 기업이 탄생할 수 있는 환경도 아닌 구조적 모순을 가지고 있다.

이러한 산업구조에서 에너지 혁신 기업 생태계를 조성하기 위해서는 어떻게 해야 할까?

현실적으로 경쟁 도입을 위한 전면적인 산업구조 개편은 지난 수십 년 동안 해도 진척이 없었으니, 지금 갑자기 한다고 해도 다양한 이해관계자 조정 문제로 성공 가능성은 희박하다. 오히려 소모적 논쟁으로 시간만 낭비할 가능성이 크다.

그렇다면 현실적 제약 요인을 고려한 가능한 방법은 다음과 같다.

첫째, 기존의 신규 진입 방식 쐐기 전략을 좀 더 활성화하여 제한적인 소매 경쟁 도입을 진행하는 것이다.

둘째, 독점기업에 의무를 부과하여 연도별로 일정 규모의 혁신사업 실증단지를 조성하게 하는 것이다.

셋째, 인센티브형 혁신 사업 제도를 도입하여 인위적 혁신 환경을 조성하는 방법을 고려해볼 수 있다.

시장 기반 에너지 혁신 사업의 실증 사업이 현실적으로 불가능한 상황에서 고려해볼 수 있는 수단은 한계가 있다. 그럼에도 불구하고 전통적 에너지 시스템은 변화할 수밖에 없는 상황이며, 소매 단계의 혁신 산업화 또한 이미 예견되고 있다. 이러한 점을 고려할 때 공기업과 민간기업, 에너지 기업과 통신기업 등과의 결합에 의한 혁신 기업의 탄생을 유도할 수 있는 다양한 실증 사업을 강제할 필요가 있다.

블랙타이드 시대, 위기가 아니라 새로운 기회이다

"오직 한 가지 우리가 두려워해야 할 일은 두려움 그 자체다."

1933년 3월 4일 대공황의 한가운데에서 미국 대통령에 취임한 프랭클린 루스벨트 대통령은 국민들에게 용기를 주는 연설을 한다. 미국은 대공황의 말미에 제2차 세계대전을 겪게 된다. 취임 당시 1,300만 명의 실직자들로 넘쳐나는 경제위기 속에서 국민들의 위기에 대한 시각을 바꾼 연설이다. 그리고 루스벨트 대통령은 임기 초기에 가장 많은 변화를 일으킨다. 뉴딜정책을 추진하면서 은행개혁법, 긴급 경제안정대책, 농업정책, 산업개혁을 추진하고, 연방정부의 복지정책, 금본위제, 금주법의 폐지를 밀고 나아간다. 그리고 경제와 국내외 정치적 위기 상황 아래 가장 많은 변화를 추진한다.

루스벨트 대통령 이전에는 전 세계 노벨상 수상자가 가장 많은 국가는 독일을 비롯한 유럽 국가들이었고, 미국 학자들이 유럽으로 유학을 갔다. 그러나 루스벨트 대통령의 위기에 대한 적극적인 대응과 변화를 통해 비로소 미국은 세계 최고의 경제대국으로 발돋움하게 된다. 미국의 현재에는 루스벨트 대통령이 일으킨 탄력성장이 자리잡고 있다.

한국도 마찬가지이다. 한국전쟁을 겪으면서 세계에서 가장 가난한 나라였던 한국은 사회·경제·전쟁의 위기를 맞으며 두려움과 절망으로 무릎 꿇지 않았다. 위기에서 더욱 단합했고, 오히려 그 위기를 적극적으로 활용하여 더 큰 혁신과 변화를 만들어갔으며, 한 단계, 한 단계 도약해나갔다. 시련을 통해서 단련되고 고난과 역경을 끈질기게 마주하면서 더욱 성숙해져갔다. 반만년 유구한 역사를 보면, 우리 민족은 위기 때문에 절망한 적이 없다. 위기 속에서 늘 기회를 찾았고 그 기회를 이용하여 도약했다.

앞으로 전개되는 블랙타이드, 대한민국에게는 위기가 아니라 기회이다. 우리 민족은 은근과 끈기, 그리고 불굴의 의지가 있다. 위기에 더욱 강한 민족인 강인한 민족, Resilient People, Resilient Korea이다. 이것이 바로 우리 민족을 가장 잘 설명하는 단어가 아닐까 한다. 다시금, 두려움이 아니라 희망을 보고 도약해야 할 때가 바로 블랙타이드의 시대이다.

대표저자 김원준 드림

참고문헌

구정모, '미국 재생에너지 소비, 134년 만에 석탄 앞질렀다', 연합뉴스, 2020.05.29., https://www.yna.co.kr/view/AKR20200529050600009.

노승욱, '사업 다각화 모범생 후지필름 필카(필름 카메라) 사라져도 필름 기술은 계속 진화한다', 매경이코노미 제1921호, 2017.08.21., https://www.mk.co.kr/news/business/view/2017/08/558462/.

문준선, 『포스트 한일경제전쟁』, 스마트북스, 2020.

박소영, 'EU, 자동차 CO 배출 감축 목표 확정', 코트라, 2019.01.07., https://news.kotra.or.kr/user/globalBbs/kotranews/5/globalBbsDataView.do?setIdx=244&dataIdx=172175.

박준현, '캐나다 AI 전략과 블루닷(코로나19 예측 스타트업) 사례', 정보통신산업진흥원, 2020 글로벌 ICT 이슈리포트, 2020.02.27.

손상원, '광주 수소충전소 설치 하세월…추진 중단·재개 반복에 갈등만', 연합뉴스, 2020.01.06., https://www.yna.co.kr/view/AKR20200103105400054.

오세경, '유럽 그린딜 관련 국제사회의 주요 이슈 및 시사점', 2020.03.05., http://www.kiep.go.kr/sub/view.do?bbsId=global_econo&nttId=205995.

이정환, '메르스 사태 1년 무엇을 남겼나?', 의협신문, 2016.05.20., https://www.doctorsnews.co.kr/news/articleView.html?idxno=110462.

이재은, '최악 폭염에 정전된 美 캘리포니아…원전 없애고 태양광 늘린 영향', 조선비즈, 2020.08.19., https://biz.chosun.com/site/data/html_dir/2020/08/19/2020081900171.html.

이지홍, '색바랜 Kodak Moment가 주는 교훈', LG경제연구원 LG Business Insight, 2012.02.15.

에너지경제연구원, 신에너지정책방향연구, 2017.

정수연, '지난해 미세먼지로 인한 경제적 손실 4조원 추정…GDP의 0.2%', 연합뉴스, 2019.03.17., https://www.yna.co.kr/view/AKR20190316037700002.

조재환, '수소충전소 놓고 거센 갈등…해결 묘책 없나', 지디넷코리아, 2020.05.15., https://auto.v.daum.net/v/20200515134023341?f=p.

최원석, '주력의 필름 사업 사라진 후지 작년 역대 최고 영업이익', 이코노미조선, 2019.11.03., https://www.chosun.com/site/data/html_dir/2019/11/01/2019110101545.html.

최원석, '막다른 골목 몰렸을 때 진짜 승부가 시작된다 후지필름 대역전 이끈 고모리 회장', 조선일보 위클리비즈, 2014.06.28., http://weeklybiz.chosun.com/site/data/html_dir/2014/06/27/2014062703052.html.

형수경, '코로나19가 세계경제 얼마나 강타했나…5가지 수치', 조세일보, 2020.04.27., http://www.joseilbo.com/news/htmls/2020/04/20200427396970.html.

마이크 데이비스, 『조류독감: 전염병의 사회적 생산』, 돌배게, 2008.

Asian Development Bank, COVID-19 Economic Impact Could Reach $8.8 Trillion Globally — New ADB Report, 2020.

California ISO, What the duck curve tells us about managing a green grid, 2013.

Chaudry, M., Ekins, P., Ramachandran, K., Shakoor, A., Skea, J., Strbac, G., ... & Whitaker, J.(2011), Building a resilient UK energy system.

Climate Action Tracker, Warming Projections Global Update, 2019.

Eric Niiler, Wired, An AI Epidemiologist Sent the First Warnings of the Wuhan Virus: The BlueDot algorithm scours news reports and airline ticketing data to predict the spread of diseases like those linked to the flu outbreak in China, 2020.01.25., https://www.wired.com/story/ai-epidemiologist-wuhan-public-health-warnings/.

European CDC, Situation Update Worldwide, 2020.06.19., https://www.ecdc.europa.eu/en/geographical-distribution-2019-ncov-cases.

Francis, R., & Bekera, B.(2014), A metric and frameworks for resilience analysis of engineered and infrastructure systems. Reliability Engineering & System Safety, 121, 90-103.

Haimes, Y. Y.(2009), On the definition of resilience in systems. Risk Analysis: An International Journal, 29(4), 498-501.

IEA, World Energy Outlook 2019, 2019.

IEA, World Energy Outlook 2020, 2020.

Linkov, I., & Palma-Oliveira, J. M. (Eds.).(2017), Resilience and risk: Methods and application in environment, cyber and social domains. Springer.

McDaniels, T., Chang, S., Cole, D., Mikawoz, J., & Longstaff, H.(2008), Fostering resilience to extreme events within infrastructure systems: Characterizing decision contexts for mitigation and adaptation. Global Environmental Change, 18(2), 310-318.

OECD, Future Global Shocks: Pandemics, 2011.

OECD, How's Life? 2020: Measuring Well-being, 2020.

PA Consulting, CO2 Emissions are increasing Car market must act: How Europe's automotive industry can meet tough CO2 emissions targets, 2020.

UN environment programme, Emissions Gap Report 2017, 2017.

United Nations Population Fund, Ageing in the Twenty-First Century: A Celebration and A Challenge, 2012.

WEF, The Future of Job Report 2017, 2017.

WEF, The Future of Job Report 2018, 2018.

WEF, The Future of Job Report 2020, 2020.

World Bank, COVID-19 to Add as Many as 150 Million Extreme Poor by 2021, 2020.

에너지 탄력성장을 이룬 대한민국의 미래 일기

2045년 8월 15일

A 청와대 에너지 수석은 고개를 돌려 창밖을 바라보았다. 인왕산 너머로 노을이 붉게 물들고 있다. 오늘 하루 벌어진 일들을 생각하면 아직도 가슴이 벅차오른다.

"광복 100주년, 그리고 에너지 독립 원년!"

광복 100주년 기념식장에서 대통령이 외친 말이 귀에 생생하다. 광복 100주년도 감개무량한데, 드디어 에너지 독립과 완전한 탈탄소화를 이루다니.

광복 100주년 기념행사를 마친 대통령은 서둘러 핵융합발전소 준공식장으로 향했다. 2007년 우리나라 최초 핵융합로인 KSTAR가 완성된 지 38년 만에 핵융합발전소가 가동을 시작했다. 핵융합발전의 성공은 우리가 에너지 문제와 위기로부터 해방되었다는 것을 의미한다. 더군다나 KSTAR의 성공은 세계 최초였기에 전 세계의 눈과 귀가 한반도에 쏠려 있다.

지난 30여 년간 우리나라는 수없이 많은 블랙타이드를 겪었다. 팬데믹, 기후변화, 탈탄소화, 에너지 위기 등의 문제와 씨름해왔다. 2020년 10월 28일, 당시 문재인 대통령은 국회 시정 연설에서 "국제 사회와 함께 기후변화에 적극 대응해 2050년 탄소중립을 목표로 나아가겠다."라고 선언했다. 우리나라 최초의 '넷제로' 선언이었다. 대통령이 30년 안에 탄소중립이라는 목표를 달성하겠다고 공식적으로 선언했지만, 산업계는 너무 빠른 것 아니냐고 걱정했고, 환경운동 단체들은 만시지탄이라고 안타까워했다.

에너지 자원이 없고, 제조업과 수출로 경제를 떠받치는 우리나라 처지에서 '2050년 탄소중립'은 쉽지 않은 목표였다. 하지만 목표는 정해졌고, 우리는 탈탄소화와 경제성장이라는 두 마리 토끼를 모두 잡아야 했다. 또한 수많은 블랙타이드의 위기가 기다리고 있음을 고려해야 했다.

쉽지 않은 일임을 직감했지만, 우리 민족의 저력을 의심하지 않았다. 위기가 닥쳐오면 그 위기를 극복하고 한 단계 더 도약하는 능력, 그 능력이 우리 민족의 유전자에 새겨져 있음을 잘 알고 있었기 때문이다. 코로나19의 위기와 기후변화 대응을 위한 탄소중립, 그리고 이 모든 문제에 대응하면서 경제성장을 이루어야 하는 고차방정식 앞에서 우리 민족의 탄력성장 역량이 빛을 발할 것이라고 확신했다.

새로운 에너지 거버넌스 2020년 정부의 공식적인 탄소중립 선언 후, 우리나라가 취한 정책들을 천천히 복기해 본다. 코로나19 이후 더욱 치명적인 바이러스가 도전을 해왔고, 기후변화로 매년 겪어보지 못한 기상이변이 끊이지 않았으며, 그에 따른 에너지 수급 위기도 매번 대두되었다.

하지만 코로나19 팬데믹 이후, 위기에 대한 국민들의 관점이 바뀌어 위기는 변화와 혁신, 그리고 도약의 기회라는 것을 깨닫기 시작했다. 에너지 분야에서도 전문가들은 위기에 효과적으로 대응할 수 있는 법률 제정을 건의했고, 국회에서 '국가 에너지 위기 진단, 평가 및 대응에 관한 법률'이 통과되었다. 이 법률에 따라 '국가 에너지 위기 평가 위원회'가 설치되었고, 위원회는 앞으로 계속되는 블랙타이드로 인한 에너지 안보와 위기에 대응할 수 있는 통합자원계획을 수립했다. 이러한 계획은 미래에 예상되는 블랙타이드의 위기와 탄소중립 선언에 따른 에너지 전환에 탄력적이고 민첩하게 대응할 수 있는 토대를 마련해 주었다.

무엇보다 '상시 위기 진단·예측·대응 시스템'이 마련되어 블랙타이드의 위기에 대해 미리 준비하고, 위기상황에는 즉각 대응하여 안전하게 에너지를 사용할 수 있게 되었다. 특히 사물인터넷 등의 기술 도입으로 지하 가스관과 송전선을 상시 감시할 수 있게 되었고, 원자력 관련 안전 기준도 대폭 강화되었다.

아울러 정교해진 에너지망이 효율적으로 작동할 수 있도록 에너지 빅데이터 플랫폼이 구축·운영되었다. 2045년의 에너지 기술은 실시간으로 수집·분석되는 데이터로 완성된다. 이를 위해 수요, 공급, 외부환경 등 다양한 분야를 아우르는 관계자 간 협의체가 구성되어 데이터를 공유하고 통합·관리하고 있다.

분산형·참여형 에너지 시스템 확대 코로나19 이후 계속되는 블랙타이드의 위기에 대응하고 탈탄소화 정책에 부응하여 또 하나 중요하게 추진된 정책은 바로 분산형 에너지 시스템 확대였다. 분산형 에너지 시스템은 소규모 발전원과 스마트 그리드 구축을 통한 지역 단위의 소규모 분산 전원 시스템을 가리킨다. 신재생에너지 중심의 체계는 '필요한 만큼만 만들어서 적게 사용하는' 전력망이다. 전기를 주로 사용하는 곳 근처에 소규모 발전시설을 건설하고 대규모 송전 인프라는 제거했다. 나아가 전기차를 활용한 V2X 서비스도 개발하고, 신재생에너지 미활용 전력을 활용한 수소 생산·저장으로 연료전지를 발전하는 등 분산 전력망의 안정성도 높였다.

첨단기술을 활용해 건물의 에너지 사용을 효과적으로 관리하는 건물 에너지 관리 시스템BEMS 설치가 확대되고, 건축물은 에너지를 자급자족하는 '제로 에너지 건물'로 설계되었다. 모든 조명은 LED로 교체되고 첨단 단열소재가 적용되어 조명과 냉난방에 필요한 에너지가 크게 줄어들었다. 또한 건물을 태양광발전 외장재로 둘러싸고 에너지 저장장치 등을 설치해 건물에 필요한 에너지를 스스로 생산했다. 공장도 크게 변화했다. 생산설비가 주문된 물건의 양과 종류에 따라 정교하게 최적화되어 낭비되는 자원과 에너지를 줄이는 공장 에너지 관리 시스템FEMS이 의무적으로 설치되었다. 이를 통해 환경을 보호하고 기업의 수익도 크게 개선되었다.

다음 그림은 2045년 현재, A 수석의 창문에 보이는 에너지 정보를 나타낸 것이다. 이제 우리는 실시간으로 에너지 요금을 확인하고 에너지를 거래하게 되었다. 소비자는 필요한 에너지를 직접 생산하고 남는 에너지를 판매하여 수익을 창출한다. 에너지 소비자는 당당한 생산주체인 에너지 프로슈머로 부상했다.

에너지원의 변화, 분산형 전력망, 그리고 실시간 수요 관리를 위해서는 자유로운 거래가 필요하다. 누구나 자신에게 꼭 맞는 에너지원을 선택할 수 있도록 다양한 에너지 상품을 제공해 선택권이 보장되어야 한다. 특히 에너지 복지의 내실도 확충되었다. 에너지 복지 지원 수준

을 대폭 확대하고 적정기술을 보급하여 저소득층의 에너지 사용환경을 크게 개선했다. 분산형 에너지 시스템 확대야말로 계속되는 블랙타이드에 대응하고, 에너지 독립의 초석이 되는 정책이라 생각했다.

친환경 에너지 영화 〈백 투 더 퓨처〉나 〈제5원소〉에서처럼, 2045년 현재, 제법 많은 자동차가 드론처럼 하늘을 날고 있다. 모든 자동차가 수소나 전기 등 친환경 에너지로 운행되고 있다. 이러한 친환경 자동차를 지원하는 수소 충전소와 전기 충전소가 도시 곳곳에 촘촘하게 들어섰고,

지능형 교통 시스템ITS 도입으로 국민의 에너지 소비가 획기적으로 줄어들어 대기환경이 크게 개선되었다.

상시 위기 지원 시스템 미세먼지와 온실가스를 내뿜는 에너지원은 공해가 적은 신재생에너지로 대체되었고, 신재생에너지가 늘어나는 만큼 에너지 저장장치, 수소 등 에너지 스토리지 믹스가 늘어났다. 아파트 단지마다 혹은 송배전망에 에너지 스토리지가 설치되었고, 대규모 전력 저장시설1GW 이상이 수도권 등 대도시마다 건설되어 안정적인 전력을 공급하게 되었다.

아울러 정교해진 에너지망이 효율적으로 작동할 수 있도록 에너지 빅데이터 플랫폼이 구축·운영되었다. 2045년의 에너지 기술은 실시간으로 수집·분석되는 데이터로 완성된다. 이를 위해 수요·공급·외부환경 등 다양한 분야를 아우르는 관계자 간 협의체가 구성되어 데이터를 공유하고 통합·관리하고 있다.

에너지 산업의 국제 경쟁력 기후변화 대응과 저탄소 에너지 정책 추진은 화석 에너지에서 지속 가능한 신재생에너지로 에너지 패러다임을 전환했고, 이로 인해 에너지 산업은 우리나라의 전략 산업으로 부상했다.

에너지 전환 정책을 통한 에너지 프로슈머의 등장에서 알 수 있듯이, 에너지를 생산·판매하는 주체가 다양해짐에 따라 소규모 에너지를 효율적으로 통합·관리하는 플랫폼인 가상발전소 사업이 활발해졌다. 수많은 사람이 태양광과 풍력을 통해 생산한 전력을 알고리즘과 빅데이터를 활용해서 공유하고 거래하는 인터넷 시스템은 우리나라를 넘어 전 세계로 전력 공유를 가능하게 했다. 또한 신재생에너지 기반의 분산형 에너지 시장이 활성화됨에 따라 전력 인터넷을 통해 충전된 전기와 연료전지 자동차로 이루어진 운송 및 물류 인터넷 사업 또한 활발하게 되었다. 이러한 에너지 환경 변화는 새로운 사업 기회를 창출하고, 글로벌 에너지 시장 변화에 따라 국내 에너지 인프라 사업의 시장을 형성했으며 양질의 일자리가 늘어나게 되었다.

특히 수소 산업은 우리나라의 든든한 주력 산업으로 자리매김했다. 수소차와 연료전지에 심었던 수소 산업의 씨앗이 성장하여 우리나라 '수소 경제' 전역에 걸쳐 꽃을 피운 것이다. 정부의 적극적인 초격차, 선도자First Mover 정책을 바탕으로 수소 활용 분야의 경쟁력을 공고히 하고, 관련 보급도 급격히 늘어나게 되었다. 이를 통해 전 세계 어느 나라보다 빠른 속도로 수소 수요가 증가하게 되었고, 이에 대응하기 위해 글로벌 수소 공급망을 조기에 구축하는 등 자연스럽게 수소의 생산·저장·운송과 같은 공급 분야가 폭발적으로 성장했다. 아울러 조선·철강·석유 화학 등 전통적인 주력 산업 분야에서 기후변화 대응 및 미래 신시장 우위 선점을 위해 수소에 대한 선제적 투자를 추진하여, 변화하는 국제 환경에서도 선도적인 지위를 유지하게 되었다. 이처럼 상대적으로 열위에 있던 산업 분야에서 새로운 기회를 통해 앞서 나갈 수 있게 되었고, 우위에 있던 산업 분야에서는 경쟁력을 유지할 수 있게 되었다.

또한 원전 수출 산업과 해체기술 관련 산업이 활발히 육성되었다. 특히 수많은 논란을 거치면서 원전 안전성을 세계 최고로 확보하게 되어 수많은 국가들에 수출하게 되었고, 원전 안전 및 해체 산업에 4차 산업혁명 기술을 적용하여 안전하고 경제적인 원전 및 해체 기술을 확보함으로써 우리나라가 세계 시장의 표준을 제시하고, 전 세계로 진출하게 된 것이다.

위기가 주는 교훈 그동안 수많은 블랙타이드와 우여곡절이 있었지만, 지난 25년의 노력이 헛되지 않았다. 오히려 블랙타이드의 위기들은 에너지 혁신을 가속화했고 산업을 더욱 강건하게 만들었다. 2050년 탄소중립 목표를 5년이나 빨리 달성했고, 핵융합발전의 성공으로 에너지 독립의 원년을 이루었다. 신재생에너지의 발전량이 전체 에너지 공급의 3분의 1을 차지하고, 에너지 소비자들은 자유롭게 에너지를 생산하고 거래하게 되었다. 이제 우리나라는 전 세계 에너지 산업을 주도하는 에너지 강국으로 부상했다.

2021년 1월 어느 날,
이 책에 참여한 이들이 모두 모여서…